DER NATIONAL GEOGRAPHIC WALKER

ISTANBUL

Willkommen in Istanbul!
Die Übersichtskarte zeigt die Lage der sechs großen Stadtbezirke Istanbuls. Praktische Tipps und Hinweise auf Feste und Ereignisse im Jahresrhythmus bieten zusätzliche Hilfe bei der Reiseplanung.

Die Stadtteile im Überblick

A Saray Burnu / Sultanahmet
B Kumkapı / Beyazıt / Eminönü / Süleymaniye
C Fatih / Fener / Balat / Eyüp / Hasköy
D Karaköy / Galata / Beyoğlu / Taksim
E Nişantaşı / Beşiktaş / Dolmabahçe / Ortaköy
F Üsküdar / Kızıl Adalar

Jedes Kapitel bietet Adressen von Restaurants – geordnet nach Preiskategorien –, Cafés, Bars und Läden sowie eine Auswahl an Sehenswürdigkeiten mit Stern (★), die Sie auf der Stadtteilkarte leicht wiederfinden.

Verkehrsmittel und Hotels in Istanbul
Nützliche Informationen zu öffentlichen Verkehrsmitteln sowie eine Auswahl an Hotels, geordnet nach Preiskategorien, ergänzen den Verkehrsnetzplan.

Register
Das alphabetisch geordnete Register verzeichnet alle im Führer genannten Sehenswürdigkeiten und Straßen.

Glossar

Caddesi (Cad.): breite Straße
Camii: Moschee
Çarşı: Markt
Han: Karawanserei
Iskele: Anlegestelle
Konak: osmanisches Privathaus
Köşk: Kiosk, Pavillon
Külliye: Gemeindehaus einer Moschee
Medrese: Koranschule
Mihrab: Gebetsnische, die nach Mekka weist
Müze: Museum
Pazar: Basar, Markt
Saray: Palast
Sokak (Sk.): Straße
Türbe: Mausoleum
Yalı: osmanische Residenz am Wasser

GOLDENES HORN UND SÜLEMANIYE CAMII

Internationales Kunst- und Kulturfestival
→ *Juni/Juli*
Oper, Konzert, Ballett.

August

Siegesfest
→ *30. August (Feiertag)*
Feiern zum Gedenken an den Sieg über Griechenland 1922.

September–Oktober

Internationale Biennale plastischer Kunst
→ *Alle zwei Jahre*

Fest der Republik
→ *29. Okt. (Feiertag)*
Erinnert an die Ausrufung der Republik 1923.

November

Buchmesse in Tüyap
→ *1. Woche*

Bluesfestival Efes Pilsen
→ *Anfang Nov.*

Antiquitätenmesse in Tüyap
→ *Mitte Nov.*

Muslimische Feste
Variabel, nach dem Mondkalender.

Ramazan
Fastenmonat Ramadan.

Seker Bayramı
Zuckerfest, Ende des Ramadan.

Kurban Bayramı
Hammelfest zum Gedenken an Abrahams Opfer.

Moscheen

Sie sind täglich von Sonnenaufgang bis Sonnenuntergang geöffnet. Nicht-Muslime sollten außerhalb der Gebetszeiten (fünfmal pro Tag und am Freitagmittag) kommen. Besucher müssen die Schuhe am Eingang ausziehen und Beine und Arme (Frauen auch den Kopf) bedecken.

Öffnungszeiten

Während des Ramadan haben viele Einrichtungen kürzer geöffnet oder bleiben geschlossen.

Museen
In der Regel Di–So 9.30–16.30 Uhr, aber viele Ausnahmen (Topkapı, Dolmabahçe).

Banken und Ämter
Mo–Fr 8.30–12 und 13.30–17 Uhr

Postämter
Mo–Sa 8–24 Uhr,
So 9–19 Uhr (Hauptpost)

Läden
Mo–Sa 9.30–19 Uhr

Essen & Trinken

Landessitten
Üppiges Frühstück (Käse, Oliven, Brot, Marmelade, Tee); gegen 12 Uhr leichtes Mittagessen (Snacks, Salate, Sandwiches); gegen 20 Uhr Abendessen mit *meze* (Auswahl an Vorspeisen), Fleisch und Fisch. Die Vorspeisen werden auf einer Platte serviert, so dass alle am Tisch sich bedienen können, dazu trinkt man Raki.

Trinkgeld
Üblich sind 10% des Rechnungsbetrages.

Byzanz

Byzas gründet 657 v. Chr. die griechische Kolonie Byzantion, die ab 64 v. Chr. zum Römischen Reich gehört.

Konstantinopel

324 ernennt Kaiser Konstantin die Stadt zum »Neuen Rom« und macht sie zur Reichshauptstadt. Ab 391 ist Konstantinopel Hauptstadt des oströmischen (byzantinischen) Reiches. Schmuckstücke jener Zeit sind die Hagia Sophia (**A** B4) und die Fresken und Mosaiken der Chora-Kirche (**Kariye Camii C** B3).

Istanbul

1453 eroberten die Osmanen die Stadt und machten sie zu ihrem Hauptsitz. Ein neues goldenes Zeitalter begann: Die Sultane errichteten den prachtvollen **Topkapı** (**A** C3), überall entstanden herrliche Moscheen. Der Architekt des Sultans, **Mimar Sinan** (1489–1588), baute fast 300 Moscheen, darunter die berühmte Süleymaniye (**B** B3) und die dezente **Sokullu** (**A** A5). Sein Schüler Mehmet Ağa schuf die wunderbare Blaue Moschee (**A** B5). Das Ende des Osmanischen Reiches (18.–19. Jh.) war von europäischen Einflüssen geprägt, während gleichzeitig die klassische orientalische Architektur fortbestand. Hiervon zeugt unter anderem der **Dolmabahçe-Palast** (**E** B3).

Fakten

- 15 Mio. Einwohner
- Fläche: 362 km²
- Währung: Türkische Lira (Türk lirası, TL) 1 € = 1,6 Mio. TL
- Winter kalt und regnerisch, Sommer warm und feucht
- 2 Mio. Besucher pro Jahr

Orientierung

- Der Bosporus teilt die Stadt in einen europäischen und einen asiatischen Teil.
- Im Süden liegt das Marmarameer.
- Im Norden liegt das Schwarze Meer.

ÜBERSICHT

Währung

Auf Grund der starken Kursschwankungen der Türkischen Lira und der hohen Inflationsrate geben wir alle Preise in Euro (€) an.

Internet

Websites
→ *www.tuerkei.com*
Deutsche Suchmaschine für die Türkei.
→ *www.istanbulguide.net*
Zahlreiche Infos.
→ *www.istanbul.com*
Praktische Tipps in englischer Sprache.
→ *www.istanbullife.org*
Kultur und Tourismus.

Internetcafés
Anatolia Internet Cafe (**A** B4)
→ *İncili Çavuş Sk. 37, 2. Etage, tägl. 9–23 Uhr*
Internet House (**D** C2)
→ *Mis Sk. 6, 1. Etage, tägl. 9–24 Uhr*

Touristen-Information

Touristeninformation Sultanahmet (A B4)
→ *Divan Yolu Cad. 3, Tel. (0212) 518 18 02, tägl. 9–17 Uhr*
Sehr zentral.
Weitere Touristeninformationen
→ *Flughafen Atatürk, Tel. (0212) 663 07 93*
→ *Bahnhof Sirkeci, Tel. (0212) 511 58 88*
→ *Bahnhof Karaköy, Tel. (0212) 249 57 76*

Telefonieren

Ortsgespräche
Zwei Vorwahlen: 0212 (europäische Seite) und 0216 (asiatische Seite).
Deutschland–Istanbul
→ *00 90 + Vorwahl der Seite ohne 0 + Rufnummer*
Istanbul–Deutschland
→ *00 49 + Vorwahl ohne 0 + Rufnummer*

Wichtige Rufnummern
Krankenwagen
→ *Tel. 112*
Polizei
→ *Tel. 155*
Gendarmerie
→ *Tel. 156*
Feuerwehr
→ *Tel. 110*
Telefonkarten
Karten zu 30, 60 oder 100 Einheiten, u.a. an Kiosken.

Studenten

Mit internationalem Studentenausweis teilweise 50% Ermäßigung.

Festkalender

Informationen
→ *Istanbul Festival Committee, Tel. (0212) 293 31 33, www.istanbulfest.com*
April–Mai
Internationales Filmfestival
→ *15.–30. April*
Fest der nationalen Unabhängigkeit und der Kinder
→ *23. April (Feiertag)*
Kinderumzüge.
Tulpenfest
→ *Ende April, Anfang Mai*
Im Emirgan-Park.
Jugend- und Sportfest
→ *19. Mai (Feiertag)*
Geburtstag von Atatürk.
Eroberung von Istanbul
→ *29. Mai*
Erinnerung an die Eroberung von Konstantinopel (1453): Paraden etc.
Zigeunerfestival
→ *Mai*
Musik und Tanz.
Internationales Theaterfestival
→ *Mai*
Jazzfestival im Theater Açık Hava.
Juni–Juli
Jazzfestival Yapı Kredı
→ *Ende Juni/Anfang Juli*
Festival H2000
→ Juni
Little Woodstock am Ufer des Schwarzen Meeres.

Willkommen in Istanbul!

A Saray Burnu / Sultanahmet

B Kumkapı / Beyazıt / Eminönü / Süleymaniye

C Fatih / Fener / Balat / Eyüp / Hasköy

D Karaköy / Galata / Beyoğlu / Taksim

E Nişantaşı / Beşiktaş / Dolmabahçe / Ortaköy

F Üsküdar / Kızıl Adalar

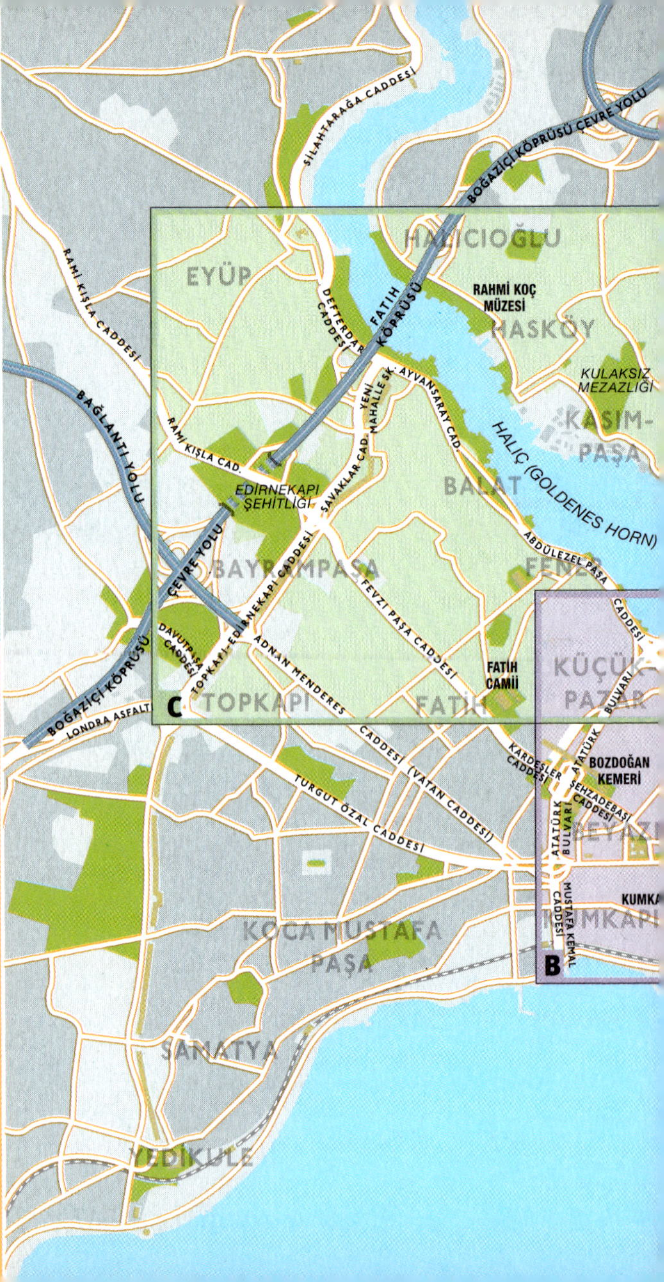

OKMEYDANI
PIYALE PAŞA BULVARI
PIYALE PAŞA BULVARI
KURTULUŞ
BOĞAZİÇİ KÖPRÜSÜ ÇEVRE YOLU
E
KOTOLİK MEZARLIĞI
HALASKARGASI CADDESİ
CUMHURİYET CAD.
IHLAMUR KASRI
ŞİŞLİ
NİŞANTAŞI
BEŞİKTAŞ
BARBAROS BULVARI
YILDIZ PARKI
ONTAKÖY
MAÇKA PARKI
YEDI KUYULAR CAD.
DOLAPDERE CAD.
TAKSİM
DOLMABAHÇE SAVAYI
TARLABAŞI BULVARI
BEYOĞLU
BAHRİYE CADDESİ
SAYDAM CAD.
İSTİKLÂL CADDESİ
REFİK
GALATA
GALATA KULESİ
KARAKÖY
ATATÜRK KÖPRÜSÜ
GALATA KÖPRÜSÜ
D
F
BOĞAZİÇİ (BOSPORUS)
KUZGUNCUK
FETHİ PAŞA KORUSU
ŞEMSİ PAŞA CAMİİ
KIZ KULESİ
ÜSKÜDAR
ÇİNİLİ CAMİİ
EMİNÖNÜ
TOPKAPI SARAYI
CAĞALOĞLU
AYA SOFYA
GÜLHANE PARKI
SULTANAHMET
KÜÇÜK AYA SOFYA
A
KARACA AHMET MEZARLIĞI
ZEYNEP KAMİL
KARACA AHMET MEZARLIĞI
DOKTOR EYÜP AKSOY CAD.
SELİMİYE
KARA YOLU
İNKİŞAF CADDESİ
HAYDARPAŞA
MARMARA DENİZİ (MARMARAMEER)
PARK
0 325 650 m
1:32 500 - 1 cm = 325 m

GYPTISCHER BASAR

ERAMIK

DER BOSPORUS

ähe des Istiklâl Caddesi, ürkische und internatio- ale Filme in Original- assung.

mek (D C2)

› *Yeşilçam Sk 5 / Istiklâl*

eyoğlu (D C2)

› *Halep Pasajı, Istiklâl 140*

USSICHTSPUNKTE

ie historische Halbinsel on Istanbul umfasst sie- en Hügel, jeder bietet in anderes Panorama. arüber hinaus gibt es veitere Aussichtspunkte:

alata Kulesi (D B5)
hantastischer Rundblick om Galataturm.

ız Kulesi (F A3)
om Leanderturm mitten n Bosporus blickt man ber die ganze Stadt.

üyük Çamlıca
› *Asiatische Seite, erreich- ar mit dem Taxi ab Üsküdar*
oller Blick vom »großen iefernhügel« oder »Lie- eshügel« auf den Bosporus und die europäische Seite.

PARKS & GÄRTEN

Gülhane Parkı (A C3)
Schöner Park mit Wäldchen neben dem Topkapı-Palast. Wegen Sanierung geschlossen.

Maçka Parkı (E B2)
Bei Joggern beliebt.

Yıdız Parkı (E E1)
Herrlicher Park oberhalb des Bosporus mit einem Palast und Pavillons im Rokokostil.

Emirgan Parkı
Größter Park Istanbuls im Norden, am europäischen Ufer des Bosporus.

ISTANBUL EINMAL ANDERS

Istanbul mit dem Schiff
Kreuzfahrt auf dem Bosporus, von der europäischen zur asiatischen Seite oder mit Goldenem Horn.

Istanbul mit der Sellbahn
Seilbahn über den Maçka Parkı mit schönem Blick auf den Bosporus.

Istanbul mit der Straßenbahn
Die nostalgische Straßenbahn (Anfang 20. Jh.) fährt die breite Istiklâl Cad. entlang.

Insel Büyükada mit der Kutsche (F A1)
Machen Sie eine Kutschfahrt zwischen Bäumen und alten Holzhäusern aus dem 19. Jh.

AUSSPRACHE

c: dsch
ç: tsch
ş: sch
ğ: stumm, verlängert den nachfolgenden Vokal
e: kurzes, offenes ä
ı: kurzes dumpfes e
v: w, hinter a wie u gesprochen
z: stimmhaftes s

DER BOSPORUS

Die berühmte Meerenge zieht sich 30 km lang vom Marmarameer bis zum Schwarzen Meer und teilt Istanbul in einen europäischen und einen asiatischen Teil. Fischerdörfer und herrliche *yalı* (osmanische Holzhäuser aus dem 19. Jh.) kann man hier entdecken.

Bogaziçi Köprüsü: erste Bosporusbrücke (1560 m).
Beylerbeyi Sarayı: Beylerbeyi-Palast (1865) im Barockstil.
Arnavutköy, Bebek, Kandilli: Dörfer mit hübschen *yalı*.
Küçüksu Kasrı: kleiner Sultanspalast (1856).
Rumeli Hisarı: mächtige europäische Festung (1453).
Anadolu Hisarı: das Gegenstück auf der asiatischen Seite (1395).
Fatih Köprüsü: zweite Bosporusbrücke.
Kanlica: für Joghurtherstellung berühmtes Dorf.
Emirgan Parkı: größter Park Istanbuls.
Yeniköy: farbige *yalı*.
Beykoz: bekanntes Fischerdorf.
Büyükdere: Museum Sadberk Hanım (osmanisches Kunsthandwerk) und Ausflug zum Belgrader Wald.
Sariyer: Fischerhafen mit Fischrestaurants.
Rumeli Kavağı: letzter Halt der Fähre am europäischen Ufer. Schloss aus dem 12. Jh.
Anadolu Kavağı: Endpunkt der Kreuzfahrt. Kleine Festung aus dem 14. Jh.

STRASSE IN ISTANBUL

Türkische Leidenschaften

Angeln
Der fischreiche Bosporus zieht täglich Tausende von Anglern und Fischerbooten an.
Fußball
Drei Erstligisten machen sich den Rang und die Fans streitig.
Galatasaray
→ *Mecidiyeköy, Tel. (0212) 251 57 07*
Fenerbahçe
→ *Kadiköy, Tel. (0216) 330 89 96*
Beşiktaş
→ *Dolmabahçe, Tel. (0212) 236 72 02*
Spiele am Wochenende.

Restauranttypen
Restaurant
Nationale oder internationale Küche.
Meyhane
Traditionelle Taverne, für *meze* und Raki, dazu gibt es Volksmusik.
Lokanta
Preisgünstige, beliebte Lokale. Nur *içkili lokanta* schenken Alkohol aus.
Kebapçi
Imbissstand mit *kebap* (Fleisch vom Drehspieß) und *şiş* (Fleischspieße).
Pideci
Auf *pide* (türkische Pizza) spezialisiertes Lokal.
İşkembeci
Nach einem feuchtfröhlichen Abend isst man hier Innereien.
Ocakbaşı
Wörtlich: »Im Kamineck«. In diesen Lokalen wird Fleisch in der Gaststube zubereitet.
Büfe
Kiosk mit Sandwiches und Snacks zum Mitnehmen.
Kahve
Traditionelles Café.
Çai Bahçesi
Teehaus.

Führungen

Abgesehen von den offiziellen Führern, die ihre Dienste direkt bei der jeweiligen Sehenswürdigkeit anbieten, existieren zahlreiche Agenturen mit Reiseleitern und Gästeführern.
Kirkit Voyage (**A** C5)
→ *Kutlugün Sk. 24, www.kirkit.com, Tel. (0212) 518 22 82*
Führungen durch die Stadt und das Umland.
Istanbul Insolite (**A** B4)
→ *Incili Çavuş Sk. 37, Tel. (0212) 511 21 98, www.istanbulinsolite.com*
Thematische Führungen durch das geheimnisvolle Istanbul der Karawansereien und volkstümlichen Viertel.

Veranstaltungen

Programme finden Sie in den englischsprachigen Beilagen der Magazine *Time Out*, *Kültür Sanat Haritası* und *Keyif Rehberi* sowie im türkischen Monatsmagazin *Istanbul Life*, die in Buchläden und an Kiosken erhältlich sind.
Reservierung
Biletix
→ *Vakkorama, Osmanlı Sk. 13, Tel. (0216) 454 15 55, www.biletix.com*
Ton- und Lichtschau in der Blauen Moschee (**A** B5)
→ *Mai–Sept. tägl. bei Sonnenuntergang*
Kostenlose Vorführung in englischer, französischer, deutscher und türkischer Sprache.
Atatürk Kültur Merkezi (AKM) (**D** D2)
→ *Taksim Meydanı, Tel. (0212) 251 56 00*
Saal mit 900 Plätzen: Oper, Ballett, Konzerte, Theater.
Cemal Reşit Rey Salonu (CRR) (**E** B1)
→ *Darülbedayi Cad 1., Tel. (0212) 231 54 97*
Kulturzentrum: Musik- und Tanzvorführungen.
Aksanat Kültür Merkesi (**D** C2)
→ *Istiklâl Cad. 16, Tel. (0212) 252 35 00*
Kulturzentrum: Theater, Konzerte, Ausstellungen etc.
Açık Hava Tiyatrosu (**E** B2)
→ *Taşkışla Cad., Maçka Parkı, Reservierung über Biletix*
Freilichttheater mit Aufführungen und Festivals von April bis September.
Aya Irini Kilisesi (**A** C4)
→ *Topkapı Sarayı, Reservierung über Biletix*
Konzerte mit klassischer und geistlicher Musik im Innern der prächtigen Kirche der hl. Eirene.

Kino

Die meisten Programmkinos befinden sich in der

AYASOFYA / HAGIA SOPHIA

YEREBATAN SARAYI

★ **Topkapı Sarayı** (**A** C3)
→ *Babıhümayun Cad., Tel. (0212) 512 04 80, Mi–Mo 9–16.30 Uhr (Harem: 10–16 Uhr)*
Der ab 1459 auf Anordnung von Mehmet II. errichtete Topkapı-Palast diente den osmanischen Sultanen 4 Jahrhunderte als Residenz. Prachtvolle Höfe und Tore, kostbare Sammlungen von Miniaturen, Porzellan und Wagen der Sultane und der berühmte Bagdad-Kiosk zeugen von der Prunkentfaltung der Osmanen. Nehmen Sie unbedingt an einer Führung durch den Harem teil, in dem die Sultansfrauen sich einst um die Gunst des Herrschers bemühten.

★ **Arkeoloji Müzesi** (**A** C3)
→ *Osman Hamdi Bey Yokuşu, Tel. (0212) 520 77 40, Di–So 9.30–17 Uhr*
Die Sammlung mit Objekten aus Babylonien, Persien und Sidon sowie griechischen und römischen Altertümern verfolgt die Geschichte des Orients: Zur altorientalischen Geschichte gehören die Flachreliefs des Ishtartores (6. Jh. v. Chr.), zur Antikensammlung der berühmte Alexander-Sarg (4. Jh. v. Chr.), und im Fayencen-Pavillon kann man die Keramiksammlung bewundern.

★ **Soğukçeşme Sokağı** (**A** B4)
Lassen Sie sich in der »Straße des kalten Brunnens« in die Zeit des alten Stambul versetzen. Die Straße, die sanft bis zum Sultan-Ahmet-III.-Brunnen (1729) abfällt, wurde in den 80er Jahren saniert und zeigt nun wieder die Holzhäuser aus dem 18. und 19. Jh. (*konak*).

★ **Ayasofya / Hagia Sophia** (**A** B4)
→ *Ayasofya Meydanı, Tel. (0212) 528 45 00, Winter Di–So 9–16.30 Uhr, Sommer tägl. 9–17.30 Uhr*
Kaiser Justinian ließ zwischen 532 und 537 das religiöse Wahrzeichen vo Konstantinopel über eine älteren Kirche errichten. 1453 wurde die Kirche in eine Moschee umgewandelt, heute dient sie als Museum. Durch ein mäch tiges Portal, die Kaisertür betritt man die Halle mit der 56 m hohen und 31 m breiten Kuppel. Das einzi artige Mosaik aus dem 1(Jh. zeigt Christus auf dem Thron. Säulen und Kapite le sowie weitere Mosaike an den Emporen ergänze den Dekor.

★ **Yerebatan Sarayı** (**A** B
→ *Yerebatan Cad. 13, Tel. (0212) 522 12 59, tägl. 9–18 Uhr*

TOPKAPI SARAYI

ARKEOLOJİ MÜZESİ

SOĞUKÇEŞME SOKAĞI

Hier, am Zusammenfluss von Bosporus und Goldenem Horn, wurde im Jahre 330 Byzanz zur Hauptstadt des oströmischen Reiches ernannt und erhielt den Namen Konstantinopel. 1453 eroberten die Osmanen die Stadt und erhoben sie unter dem Namen Istanbul zum Sitz der Hohen Pforte, um die sich bald zahlreiche Legenden rankten. Die historische Halbinsel, ein Felsvorsprung mit zahlreichen Minaretten und berühmten Sehenswürdigkeiten, birgt Schätze aus allen Epochen. Wandern Sie von der Hagia Sophia zur Blauen Moschee, und erkunden Sie die noch geheimnisvolleren Gassen des alten »Stambul«.

TARIHI SULTANAHMET KÖFTECISI

ŞAH

RESTAURANTS

Hoca Paşa Pidecisi (**A** B3)
→ *Hoca Paşa Sk. 19, tägl. 7–21 Uhr*
Zwischen einer Reihe kleiner, billiger Kneipen liegt eine von Weinlaub umrankte Terrasse, auf der man köstliche *pide* (türkische Pizza) und *ayran* (gesalzenes Joghurt) kosten kann. Ideal geeignet für ein Frühstück oder einen kleinen Imbiss. Keine Alkoholika. Gerichte um 5 €.

Tarihi Sultanahmet Köftecisi (**A** B4)
→ *Divanyolu Cad. 12/A, Tel. (0212) 513 14 38, tägl. 12–24 Uhr*
Gegen Mittag bildet sich eine kleine Schlange auf dem Gehweg, denn die *köfte* (Frikadellen) sind weithin berühmt. Dazu gibt es *piyaz* (Salat mit weißen Bohnen) und Reis in schlichter, aber familiärer Atmosphäre. Keine Alkoholika. Gerichte um 5 €.

Çeşme Restaurant (**A** A5)
→ *Küçük Ayasofya Cad. 1, Tel. (0212) 516 35 80, tägl. 7.30–24 Uhr*
Unter einer Laube neben den farbigen Ständen der Obstverkäufer und einem hübschen Brunnen können Sie unweit der Hagia Sophia leckeres Grillfleisch genießen. Gerichte um 5 €.

Dubb (**A** B4)
→ *Inçili Çavuş Sk. 10, Tel. (0212) 513 73 08, tägl. 12–24 Uhr*
Exotische Gewürze verleihen den Tandooris und Currys fernöstliches Flair. À la carte 10–15 €.

Balıkçı Sabahattin (**A** C5)
→ *Cankurtaran Cad., Tel. (0212) 458 18 24, tägl. 12–1 Uhr*
Das rote Holzhaus mit der großen, blumengeschmückten Terrasse zieht abends viele Vertreter der reicheren Oberschicht Istanbuls an. Zu Recht, denn das Festpreismenü umfasst eine beeindruckende Fülle an Gerichten, von Meeresfrüchten als Vorspeise über gegrillten Fisch bis hin zu himmlischen Desserts. Unbedingt reservieren! Menü 25 €.

Konyalı (**A** C3)
→ *Topkapı Sarayı, Tel. (0212) 513 96 96, Mi–Mo 9–16.30 Uhr*
Das 1897 eröffnete Konyalı befindet sich heute mitten im Topkapı-Palast und bietet einen wunderbaren Blick über den Bosporus. Wählen Sie aus der Fülle der osmani-

TA ÇARŞISI

ALI MUHIDDIN HACI BEKIR

PERCAN & SAHRA

schen Spezialitäten! À la carte 25 € (preiswertere Snacks im Selbstbedienungscafé).

Sarnıç (**A** B4)
→ *Soğukçeşme Sk., Tel. (0212) 512 42 91, Di–Sa 20–24 Uhr (letzte Bestellung 21.30 Uhr)*
Hierher kommen die meisten Leute nicht so sehr wegen der eher phantasielosen Küche, sondern um die Atmosphäre der ehemaligen byzantinischen Zisterne bei Kerzenschein zu genießen. Reservierung empfohlen. À la carte 25–30 €.

Cafés, Teegärten, Bars

Caferağa Medresesi (**A** B4)
→ *Caferiye Sk. / Soğukkuyu Çıkmazı 1, Tel. (0212) 513 36 01, tägl. 8.30–20 Uhr*
Die 1559 erbaute Koranschule birgt heute ein Zentrum für Kunsthandwerk mit angeschlossenem Café. Sie sitzen ruhig unter den Arkaden und können den Kalligrafen und Töpfern bei der Arbeit zuschauen.

Cafe Meşale (**A** B5)
→ *Arasta Çarşısı 45, Tel. (0212) 518 95 62, tägl. rund um die Uhr*
Rasten Sie während des Einkaufsbummels im Arasta-Basar im Schatten, essen Sie *gözleme* (salzige Pfannkuchen) und rauchen Sie dazu eine Wasserpfeife. Abends treten hier tanzende Derwische als Touristenattraktion auf.

Küçük Ayasofya Medresesi (**A** A5)
→ *Küçük Ayasofya Cad., tägl. 10–23.30 Uhr*
Auch in dieser Koranschule befindet sich heute ein Kunsthandwerkszentrum, außerdem gibt es hier einen schönen Garten, in dem man bei einem türkischen Mokka rasten kann.

Şah (**A** B4)
→ *Inçili Çavuş 11, Tel. (0212) 513 06 53, tägl. 10–4 Uhr*
Laute Musik und eine Terrasse in den zarten Pastelltönen des osmanischen Stils sowie Holzmöbel prägen die Atmosphäre in einer der wenigen Bars im Touristenviertel.

Hamam

Cağaloğlu Hamamı (**A** B4)
→ *Kazım Ismail Gürkan 34 / Cağaloğlu Hamamı Sk., Tel. (0212) 518 95 62, Männer: tägl. 7–22 Uhr, Frauen: tägl. 8–20 Uhr*
Lassen Sie sich in einem prachtvollen Hamam aus dem 19. Jh. mit Marmorbänken in riesigen Sälen mit Massagen und Dampfbädern verwöhnen! Zwischen 10 und 30 €.

Einkaufen

Arasta Çarşısı (**A** B5)
→ *Tägl. 9–20 Uhr*
In alten Stallungen befindet sich der Arasta-Basar mit zahlreichen Ständen, an denen Sie Teppiche, Stoffe, Lampen und andere Kunsthandwerksgegenstände erwerben können. Handeln gehört hier zum Geschäft.

Ali Muhiddin Hacı Bekir (**A** A2)
→ *Hamidiye Cad. 83, Tel. (0212) 522 06 66, tägl. 8–19.30 Uhr*
Seit 1777 werden hier türkische Süßspeisen nach alter Art hergestellt. Die kleinen Köstlichkeiten mit Pistazien, Nüssen und Rosenwasser zergehen auf der Zunge.

Percan & Sahra (**A** B4)
→ *Alemdar Cad. 18/1 und 6/A Tel. (0212) 519 06 33, tägl. 9.30–21 Uhr*
Nur 30 m sind die beiden Lederwarenverkäufer voneinander entfernt. Hier finden Sie hübsche Handtaschen und traditionelle osmanische Lederpantoffeln (*çarık*) mit der typischen Spitze, direkt aus Gaziantep eingeführt.

Les Arts Turcs (**A** B4)
→ *Inçili Çavuş 37, 3. Etage, Tel. (0212) 520 77 43, tägl. 10–22 Uhr*
Kalligrafien, Miniaturen und eine Auswahl an Weltmusik bietet dieser Laden ebenso wie Informationen über die Stadt und die tanzenden Derwische.

Golden Horn (**A** B4)
→ *Yerebatan Cad. 15, 2. Etage, Tel. (0212) 522 97 23, tägl. 9–20.30 Uhr*
Wünschen Sie sich eine maßgeschneiderte Hose oder Weste? Die Stücke werden direkt vor Ihren Augen im Atelier angefertigt. Ab 120 €.

Haseki Hamamı (**A** B4)
→ *Ayasofya Meydanı, Tel. (0212) 638 00 35, tägl. 9.30–18 Uhr*
Wenn Sie einen Hamam besuchen möchten, ohne selbst nass zu werden, sind Sie in diesem ehemaligen, 1556 von Sinan errichteten Badehaus an der richtigen Adresse und können im staatlichen Teppichladen ganz nebenbei noch einen Kelim erwerben.

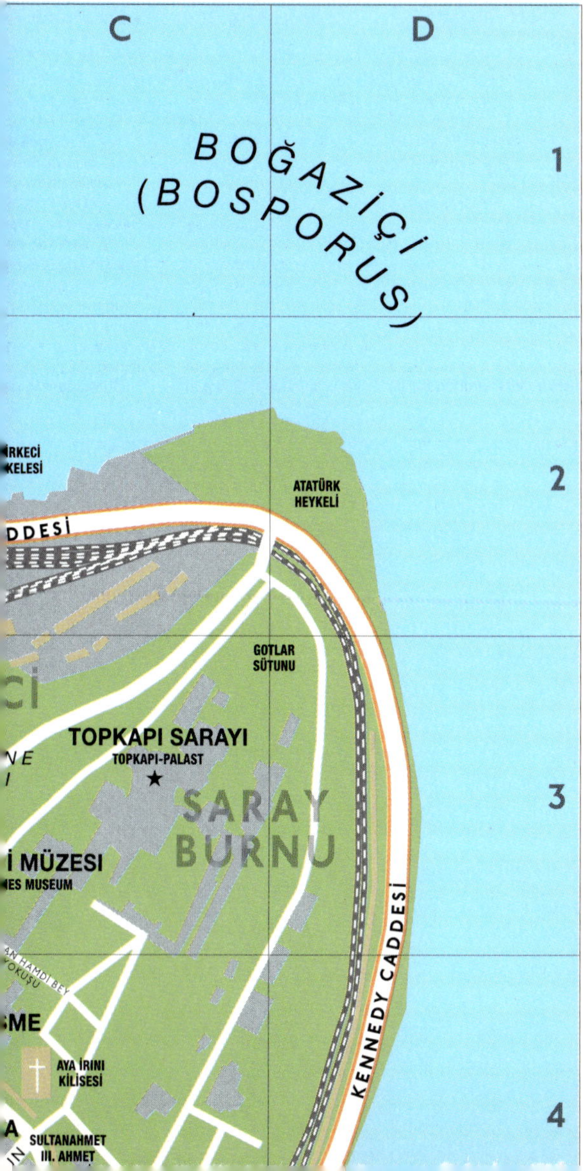

SULTANAHMET CAMİİ / BLAUE MOSCHEE

MOZAİK MÜZESİ

AT MEYDANI

TÜRK VE İSLAM ESERLERİ MÜZESİ

KÜÇÜK AYASOFYA

ler byzantinischen
erne mit 336 Säulen er-
t klassische Musik. Fast
lt man sich in eine er-
:hend kühle Märchen-
t versetzt.

Sultanahmet Camii / ue Moschee (**A** B5)
Sultanahmet Meydanı,
(0212) 518 13 19,
. Sonnenaufgang–
nenuntergang
9 gab Sultan Ahmet I. nach ihm benannte schee in Auftrag; 1616 nte er das Gebäude ein, an Pracht die Hagia hia übertreffen sollte. sende von bläulichen heln aus İznik zieren Wände der Galerien und begründen den zweiten Namen der Moschee. 260 Fenster und zahlreiche Kuppeln lassen den Bau trotz der mächtigen Pfeiler luftig wirken.

★ **Mozaik Müzesi** (**A** B5)
→ *Torun Sk. / Arasta Çarşısı,*
Tel. (0212) 518 12 05,
Di–So 9.30–16.30 Uhr
Die letzten Mosaikböden (5./6. Jh.) des großen byzantinischen Kaiserpalastes blieben fast an Ort und Stelle erhalten. Sie zeigen ländliche Szenen, Fabeltiere und einen eindrucksvollen Dionysos.

★ **At Meydanı** (**A** B5)
Im 3. Jh. diente der von Bäumen gesäumte Platz als Hippodrom, später war er bei wichtigen Ereignissen Anlaufpunkt. Heute kann man hier noch einige Überreste besichtigen, zum Beispiel den ägyptischen Obelisken (4. Jh.), den Theodosius aufrichten ließ, die Schlangensäule vom Orakel in Delphi (479 v. Chr.) und den Gemauerten Obelisken (4. Jh.).

★ **Türk ve İslam Eserleri Müzesi** (**A** B5)
→ *At Meydanı 46,*
Tel. (0212) 518 18 05,
Di–So 9.30–17.30 Uhr
Das Museum für islamische und türkische Kunst befindet sich im Palast des Wesirs İbrahim Paşa (1524) und birgt eine außergewöhnliche Sammlung von Teppichen, Fayencen und Kalligrafien sowie eine ethnografische Abteilung.

★ **Küçük Ayasofya** (**A** A6)
→ *Küçük Ayasofya Cad.,*
tägl. Sonnenaufgang–Sonnenuntergang
Die Sergius-und-Bakchos-Kirche aus dem 6. Jh. wurde im 16. Jh. in eine Moschee umgewandelt. Sie liegt inmitten von Grünanlagen etwas abseits der Touristenpfade und wird auch liebevoll »kleine Hagia Sophia« genannt, weil sie eine gewisse Ähnlichkeit mit ihrer bekannteren Schwester aufweist.

KAPALI ÇARŞI / GROSSER BASAR

BÜYÜK VALİDE HAN

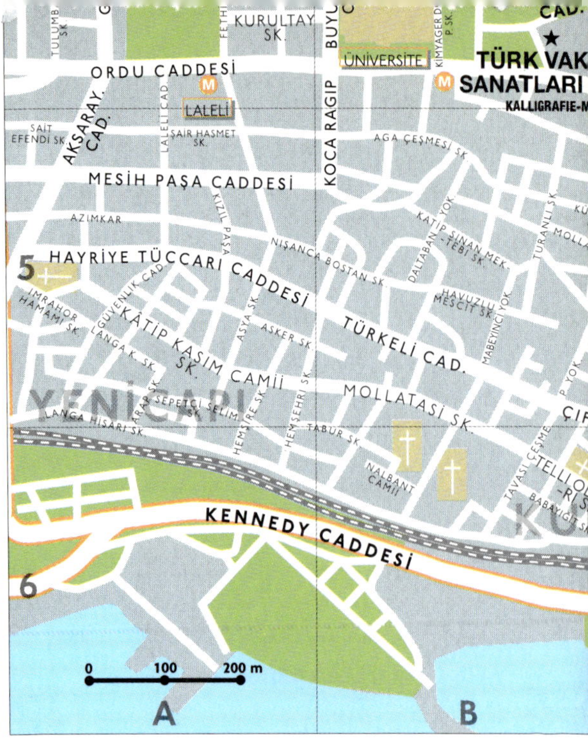

★ **Kumkapı** (**B** C6)
Das alte Fischerviertel liegt direkt am Ufer des Marmarameeres. Hier können Sie wunderbar durch alte Gassen bummeln und die schmucken Holzhäuser betrachten. Wenn Sie früh genug aufstehen, können Sie den Fischmarkt besuchen. Am Abend füllen sich die Fischtavernen von Çapari Sokak, wo Istanbuler und Touristen sich vom Klang des *fasıl* verzaubern lassen und Raki trinken.

★ **Beyazıt Meydanı** (**B** C4)
Das monumentale Tor der Universität (1886) im maurischen Stil und die elegante Beyazıt-Moschee (1505) überragen den schönen gleichnamigen Platz. Gleich dahinter erhebt sich der Beyazıt-Turm (1828), ein alter Brandwachturm. Die Kornhändler auf dem Platz sorgen für Stimmung, ziehen aber auch unzählige Tauben an. Ein Stück weiter gelangt man zum Büchermarkt (Sahaflar Çarşısı).

★ **Türk Vakıf Hat Sanatları Müzesi** (**B** B4)
➔ *Beyazıt Meydanı*
Tel. (0212) 527 58 51,
Di–Sa 9–16 Uhr
Hier wird die Schrift zur Kunst: Das winzige Kalligrafiemuseum in der ehemaligen Medrese der Beyazıt-Moschee zeigt Meisterwerke dieser bedeutenden und eigenständigen islamischen Kunstform. Beachten Sie vor allem die herrlichen *tuğra*, Unterschriften der Sultane.

★ **Kapalı Çarşı / Großer Basar** (**B** C4)
➔ *Mo–Sa 9–19 Uhr*
Lassen Sie sich einfach durch die Gassen treiben und von den Farben und Gerüchen des größten überdachten Marktes im Orient verzaubern. Natürlich bieten viele Händler Waren an, die sich am angeblichen Geschmack von Touristen orientieren, doch wer sich Zeit zum Suchen nimmt, findet auch origin lere Stücke. In dem Labyrinth verbergen sich noch rund 20 Karawansereien Früher oder später lande jeder Besucher im histor schen Herzen des Basar dem Iç Bedesten (1453).

★ **Büyük Valide Han** (**B** C4)
➔ *Çakmakçılar Yokuşu / Tarakçılar Cad.,*
Mo–Sa 9.30–17 Uhr
Mit seinen 3 hintereinan der liegenden Höfen ist Büyük Valide Han (1651) die größte Karawanserei im Umfeld des Großen Basars. Sie alle dienten früher als Warenlager un Anlaufstelle für Karawan

TÜRK VAKIF HAT SANATLARI MÜZESİ

BEYAZIT MEYDANI

KUMKAPI

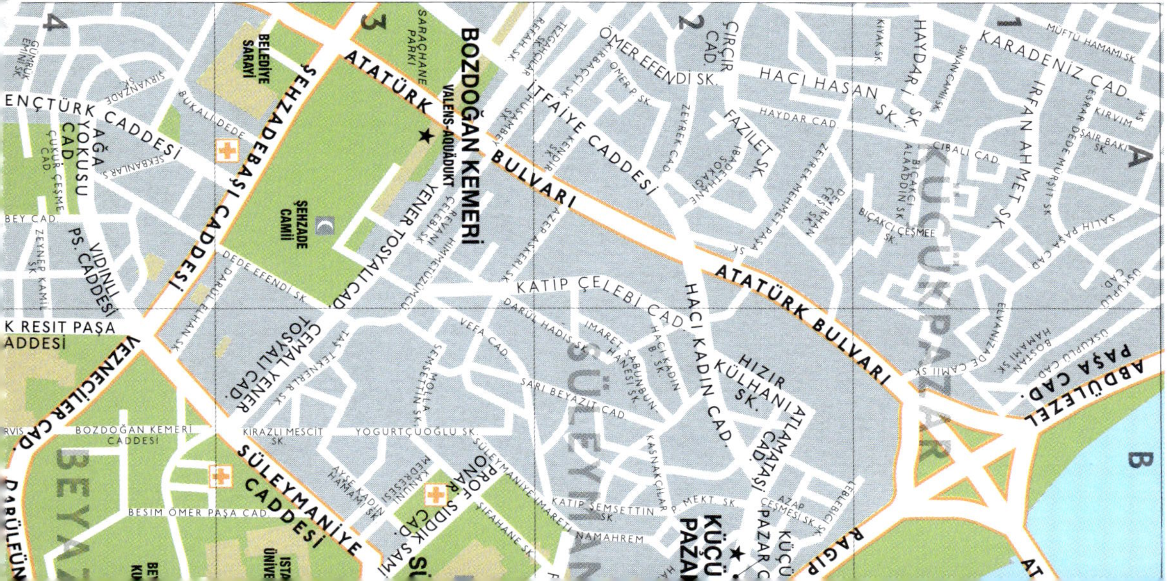

In der Divanyolu und der Yeniçeriler Caddesi, zwei Straßen, die der alten Hauptverkehrsader der Stadt folgen, blüht der Handel. Die Straßenbahnen fahren zwar nur am Rand des Basars vorbei, doch drinnen drängen sich die Massen, um im Zentrum von Istanbul zu bummeln oder auf Schnäppchenjagd zu gehen. In den kleinen Gässchen warten Schätze und Genüsse aus Tausendundeiner Nacht auf Kauflustige, und im ägyptischen Basar umweht ein verführerischer Duft die Besucher. An der Anlegestelle Eminönü geht es ebenfalls lebhaft zu: Hier steigen die Passagiere aus, um die mächtige Yeni Camii (Neue Moschee) zu besichtigen.

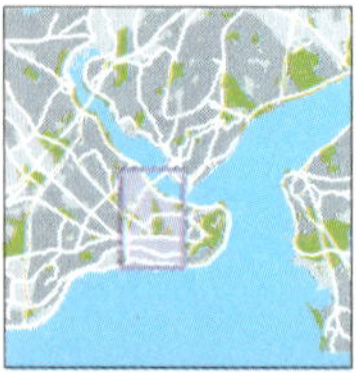

HAMDİ

PANDELİ

Restaurants

Murat Büfe (**B** D4)
→ *Kılıççılar Sk. 35, Mo–Sa 8–16.30 Uhr*
Am Ausgang des Großen Basars, inmitten der Schmuckhändler, können Sie leckere Sandwiches mit Grill- und Backfisch zum Mitnehmen erwerben. 3–5 €.

Hacı Bozan (**B** A5)
→ *Laleli Cad. 6, Tel. (0212) 518 92 24, tägl. 8–22.30 Uhr*
Die Speisekarte in türkischer, russischer, arabischer und englischer Sprache entspricht dem Charakter des Viertels. Essen Sie ein Kebab, und kehren Sie anschließend zwei Türen weiter in der gleichnamigen Konditorei ein, um *bülbül yuvası*, »Nachtigallennester« mit Nüssen, zu probieren. Keine Alkoholika. À la carte 8–10 €.

Şehzade (**B** A3)
→ *Şehzadebaşı, Şehzade Camii Avlusu, Tel. (0212) 526 26 68, tägl. 20–23.30 Uhr*
In der alten Koranschule der Şehzade-Moschee können Sie in zauberhafter Atmosphäre bei Lautenklängen speisen. Im Sommer sitzt man im Hof, im Winter in der gemütlichen Gaststube. Keine Alkoholika. À la carte 10 €.

Hamdi (**B** D2)
→ *Tahmis Cad./Kalçın Sk. 17, Tel. (0212) 528 03 90, tägl. 11–24 Uhr*
Das Restaurant zieht sich über zwei Stockwerke und umfasst eine große Aussichtsterrasse. Bestellen Sie unbedingt ein leckeres *fıstıklı kebap*, Lammfrikadellen mit Pistazien, und, falls Sie deftige Gerichte und rohes Fleisch mögen, stark gewürzte *çığ köfte*, die der Koch mit unglaublicher Geschicklichkeit auf die Teller wirft. À la carte 10–15 €.

Darüzziyafe (**B** B3)
→ *Şifahane Sk. 6, Tel. (0212) 511 84 14, tägl. 12–23 Uhr*
Im märchenhaften Ambiente des *imaret* der Süleyman-Moschee meint man noch den Geist des Architekten Sinan durch die Arkaden schweben zu sehen. Wunderschöner Hof, kleine, sehr frische Gerichte. Keine Alkoholika, aber leckere Fruchtsäfte. À la carte 10–15 €.

Pandeli (**B** D3)
→ *Mısır Çarşısı 1, Tel. (0212) 527 39 09, Mo–Sa 11.30–17 Uhr*

RLULU ALİ PAŞA MEDRESESİ

FES CAFE

KURUKAHVESİ MEHMET EFENDİ

Oberhalb des ägyptischen Basars ziehen die blauen Mosaikkacheln und der Blick auf die Anlegestelle Eminönü noch immer viele Leute an, wenngleich die türkische Küche nicht mehr so gut ist, wie sie einmal war. À la carte 15 €.

Talip (**B** C6)
→ *Çapariz Sk. 47–49,*
Tel. (0212) 517 22 71,
tägl. 12–1 Uhr
Zum *kağıtta balık* (Fischroulade) schmecken ein schlichter Rucola-Salat und ein Glas belebender Raki. Musiker gehen von Tisch zu Tisch und bringen die halbe Straße zum Tanzen. Die Atmosphäre ist typisch für das volkstümliche Viertel Kumkapı. À la carte 15–20 €.

CAFÉS, TEEGÄRTEN

Çorlulu Ali Paşa Medresesi (**B** D5)
→ *Yeniçeriler Cad. 34,*
tägl. 9–21 Uhr
Im Schatten einer alten Koranschule lädt dieser Teegarten Liebhaber der Wasserpfeife und ihres süßlichen Honigtabaks ein. Hier heißt es: einfach entspannen!

Şark Kahvesi (**B** C4)
→ *Yağlıkçılar Cad. 134,*
Mo–Sa 9–19 Uhr
An dieser Kreuzung zweier Basarstraßen erholen sich Touristen und Stammgäste in einem großen Saal bei einem türkischen Mokka.

Fes Cafe (**B** C4)
→ *Halıcılar Cad. 62,*
Tel. (0212) 528 16 13,
Mo–Sa 9–19 Uhr
In diesem brandneuen Café des Großen Basars können Sie bei einem Espresso die Zeitung lesen und im Licht der farbigen Neonleuchten Bilder junger Künstler bewundern.

Çinaraltı Çay Bahçesi (**B** C4)
→ *Beyazıt Meydanı / Sahaflar Çarşısı,*
tägl. 8–22 Uhr
Gleich gegenüber dem Büchermarkt sitzt man zwischen Studenten unter Kastanienbäumen und lauscht dem Gebetsruf des Muezzins der Beyazit-Moschee.

Tashan Çay Bahçesi (**B** A4)
→ *Alter Basar, Çukur Çeşme Hanı, Fethi Bey 55,*
tägl. 8–24 Uhr
Die niedrigen Tische in diesem Teegarten gruppieren sich um den Brunnen der ehemaligen Karawanserei. Unter den Arkaden können Sie Kleider und Pelze kaufen, die daran erinnern, dass sich in diesem Viertel viele russische Emigranten niedergelassen haben.

HAMAM

Çemberlitaş Hamamı (**B** D5)
→ *Vezirhanı Cad. 8,*
Tel. (0212) 522 79 74,
tägl. 6–24 Uhr
Der Hamam (1584), eines der schönsten Bäder der Stadt, wartet mit einer Kuppel mit Sterndekor auf. Genießen Sie Dampfbäder und Massagen. Touristisch, aber unvergesslich. 16 €.

EINKAUFEN

Sahaflar Çarşısı (**B** C4)
→ *Tägl. 10–17 Uhr*
Lesehungrige drängen sich um die Auslagen der Buchhändler auf dem ältesten Büchermarkt der Stadt.

Kurukahveci Mehmet Efendi (**B** D3)
→ *Tahmis Cad. / Hasırcılar Cad.,*
Mo–Sa 8.30–19 Uhr
Der beste Kaffeeröster der Stadt zieht zahlreiche Kunden an, die vor dem Laden Schlange stehen. Jeder wandert schließlich zufrieden mit einem Kilo türkischem Mokka davon, der verführerisch duftet.

Namlı Pastırmacı (**B** D2)
→ *Hasırcılar Cad. 14–16,*
Tel. (0212) 511 63 93,
Mo–Sa 8–19 Uhr
In diesem Feinkostladen bekommen Sie Käse, Oliven und *pastırma* (getrocknetes und gewürztes Rindfleisch). Auch hier duftet es köstlich nach kulinarischen Genüssen aller Art.

Kapalı Çarşı / Großer Basar (**B** C4)
→ *Mo–Sa 9–19 Uhr*

Abdulla
→ *Halıcılar Cad. 53,*
Tel. (0212) 522 90 78
Alles für den Hamam: Handtücher, Badelaken, Olivenölseife und mehr ...

Türkmen
→ *Terlikçiler Sk. 61,*
Tel. (0212) 512 13 30
Kunsthandwerk aus Turkmenistan und Afghanistan: Silberschmuck und hübsche orangefarbene Gewürzbehälter.

Tradition
→ *Kürkçüler Sk., Rubiye Han,*
Tel. (0212) 512 64 20
Teppiche und Kelims für jeden Geschmack und Geldbeutel. Die Inhaberin, eine Französin, berät ihre Kunden gern und gut.

Erdün
→ *İç Bedesten,*
Şerif Ağa Sk. 34–39
Kupfer, Lampen und dekorative Keramikkugeln.

MISIR ÇARŞISI

RÜSTEM PAŞA CAMİİ

SÜLEYMANİYE CAMİİ

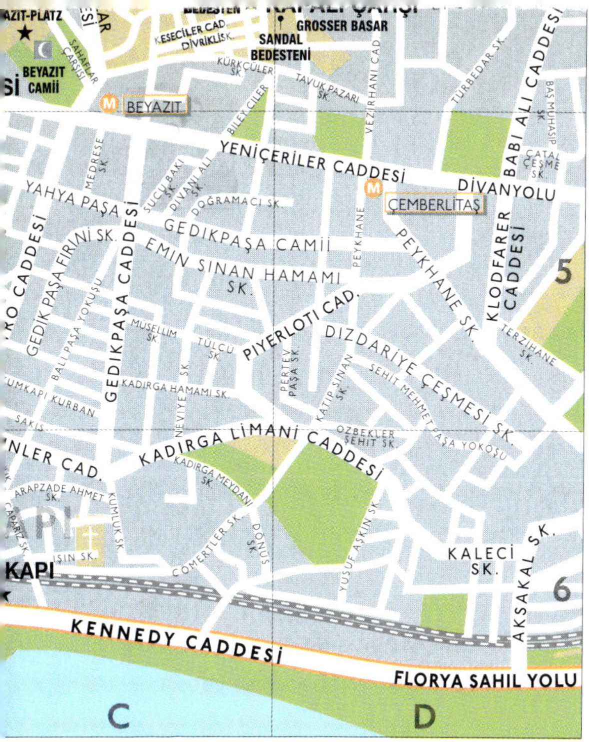

KÜÇÜK PAZAR

BOZDOĞAN KEMERİ

…te birgt der Büyük …ide Han nur noch einige …bereien, doch der Be…ch lohnt sich wegen der …mosphäre und auch …gen des schönen Blicks …m Dach auf die Stadt.

★ Mısır Çarşısı (**B** D3)
→ *Yeni Camii Meydanı, …–Sa 8.30–18.30 Uhr*
… ägyptische Basar oder …würzbasar, der bereits …63 gegründet wurde, …chlägt viele Besucher …ier mit seiner Fülle von …ten, Geräuschen und …ben. Gewürze, Trocken…chte und orientalische …ßigkeiten aller Art, dazu …ider und Schmuck …en zum Verweilen ein.

★ Rüstem Paşa Camii (**B** C2)
→ *Hasırcılar Cad., tägl. Sonnenaufgang–Sonnenuntergang*
Die Moschee (1561), die osmanischen Dekor in seiner höchsten Vollendung zeigt, ist mit ihren schönen İznik-Kacheln mit geometrischen Mustern ein echtes Schmuckstück. Natürlich war kein anderer als der berühmte Sinan (1489–1588) der Architekt.

★Süleymaniye Camii (**B** B3)
★ *Prof. Sıddık Sami Onar Cad., Tel. (0212) 514 01 39, tägl. Sonnenaufgang–Sonnenuntergang*
Zwischen 1550 und 1557 baute der geniale Sinan für Sultan Süleyman den Prächtigen die größte Moschee der Stadt, die sich malerisch auf dem dritten Hügel des alten İstanbul erhebt. Im Innenraum fällt Licht durch 168 farbige Fenster. Sehenswert sind der Brunnen im Hof, das Mausoleum Süleymans sowie die vier Minarette, von denen sich ein phantastischer Blick auf die Stadt bietet.

★ Küçük Pazar (**B** B2)
→ *Küçük Pazar Cad.*
Das farbenprächtige und volkstümliche Viertel zieht sich am Goldenen Horn entlang und bietet sich an, wenn Sie die ausgetretenen Touristenpfade verlassen wollen. Straßencafés, Stände aller Art und Straßenhändler sorgen für Stimmung, dennoch geht es in den kleinen Gassen eher geruhsam zu.

★ Bozdoğan Kemeri (**B** A3)
→ *Atatürk Bulvarı*
Der 378 erbaute Aquädukt, der Wasser vom Belgrader Wald in die Zisternen von Konstantinopel leitete, wird Kaiser Valens zugeschrieben. Erhalten blieben 800 m, die sich über die 6 Spuren des Atatürk Bulvarı spannen. Ein eindrucksvolles Baudenkmal!

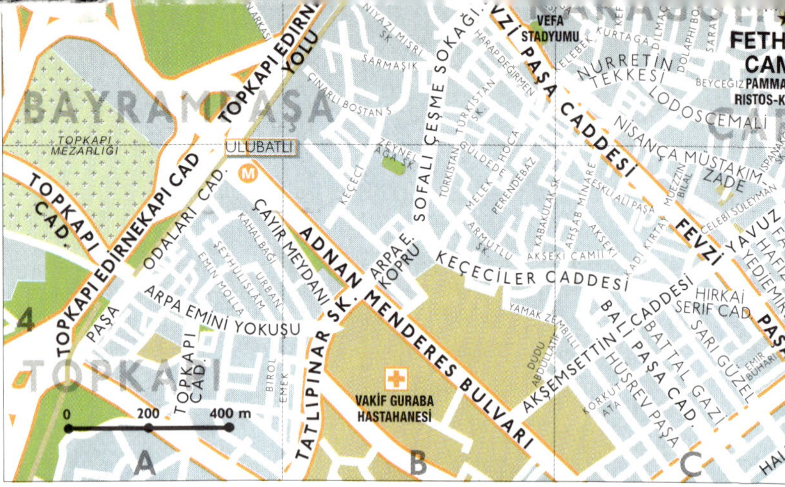

BULGAR KİLİSESİ

KARİYE CAMİİ

THEODOS II SU

★ **Zeyrek Camii** (**C** E4)
→ *İbadethane Sk., tägl. Sonnenaufgang–Sonnenuntergang*
Im Herzen des Viertels Zeyrek stehen die Überreste der 1453 in eine Moschee umgewandelten Pantokrator-Kirche, die einst zu einem der bedeutendsten byzantinischen Klöster Istanbuls gehörte. Der südliche Bau wurde im 12. Jh. im Auftrag von Kaiserin Eirene, der Gemahlin von Johannes II. Komnenus, errichtet. Beachten Sie die Reste des Marmorbodens.

★ **Fatih Camii** (**C** D4)
→ *Aslanhane Sk. / Fevzi Paşa Cad., tägl. Sonnenaufgang–Sonnenuntergang*
1470 ließ man die Moschee zum Gedenken an Mehmet II., den Eroberer Konstantinopels, errichten. Der prachtvolle Bau – 1766 nach einem Erdbeben barock wiederaufgebaut – thront hoch über dem Viertel Fatih. Die Moschee, eine der größten in der Stadt, umfasst nicht weniger als 8 Medresen, einen Hamam, eine Herberge und ein Krankenhaus. Schauen Sie sich die schönen Säulen im Innenhof an.

★ **Sultan Selim Camii** (**C** D3)
→ *Yavuz Selim Cad., tägl. Sonnenaufgang–Sonnenuntergang*
Vor der schlichten Moschee steht ein schöner Brunnen für die rituelle Fußwaschung, auch gehören ein schattiger Garten und mehrere Mausoleen zum Gelände. Die Moschee errichtete übrigens Süleyman im Jahre 1522 für seinen Vater Selim I.

★ **Fethiye Camii** (**C** C3)
→ *Fethiye Cad.*
Für einen Besuch müssen Sie sich in der Hagia Sophia anmelden. Die Pammakaristos-Kirche ist ein Schmuckstück byzantinischer Kunst aus dem 13. Jh. und diente dem Patriarchen der griechisch-orth doxen Kirche von 1456 b 1586 als Amtssitz, ehe si zur Moschee umgewand wurde. Sehenswert sind vor allem die Mosaiken.

★ **Orthodoks Patrikhanesi** (**C** D3)
→ *Sadrazam Ali Paşa Cad. Tel. (0212) 525 54 16, tägl. 9–17 Uhr*
Diese Kirche erinnert an die griechische Gemeind von Istanbul, die ab 160 im heutigen Stadtteil Fer lebte. Die 1720 erbaute St.-Georgs-Kirche birgt mehrere kostbare Reliquien. Die Ikonostase ist mit Blattgold verziert, de ehemaligen Thron des P

ZEYREK CAMİİ

FATİH CAMİİ

SULTAN SELİM CAMİİ

Das Goldene Horn (Haliç), eine 7 km lange, schmale Meerenge, teilt das europäische Ufer und fließt an den Vierteln Fener und Balat vorbei. Heute leben in den ehemaligen Bastionen der griechischen und der jüdischen Gemeinde überwiegend Familien aus Anatolien. Im Gewirr der Gassen drängen sich Häuser mit vorkragenden Obergeschossen aneinander, über die Straßen sind Leinen gespannt, an denen Wäsche trocknet. Nördlich der byzantinischen Stadtmauer birgt Eyüp, einer der heiligsten Stadtteile İstanbuls, wertvolle Reliquien und bietet phantastische Panoramablicke. Das Museum Rahmi Koç in Hasköy erreichen Sie, wenn Sie mit der Fähre von Balat nach Ayvansaray fahren.

ÂSİTÂNE

CAFE PİERRE LOTİ

Restaurants

Mavi Köşe (**C** C2)
→ *Mürsel Paşa 155, Tel. (0212) 531 66 52, tägl. 7–16 Uhr*
Das winzige Lokal ist oft gedrängt voll mit Stammgästen, die eine Terrine Linsensuppe und leckere *köfte* (Frikadellen) genießen. Hier gibt es einfache, aber üppige Gerichte in herzlicher Atmosphäre und ein Dessert auf Kosten des Hauses. Keine Alkoholika. Gerichte ab 5 €.

Kömur Lokantası (**C** D3)
→ *Küçük Mustafa Paşa Cad./ Müstantik Sk. 33, Tel. (0212) 631 01 92, tägl. 4–22 Uhr*
Typische Kohlgerichte der *laz* (Schwarzmeerbewohner), außerdem *hamsi* (Sardellen) in allen Zubereitungsformen und köstliche Suppen: Kein Wunder, dass das Lokal zu den beliebtesten Restaurants im Viertel gehört. Keine Alkoholika. Gerichte ab 5 €.

Hüseyin'in Yeri (**C** C3)
→ *Vodina Cad. 173, Tel. (0212) 525 32 51, tägl. 12–24 Uhr*
Hier verkehren fast ausschließlich türkische Männer. Die Auswahl an Vorspeisen, Fisch und Grillfleisch ist hervorragend, der Service aufmerksam. Hier schlägt das Herz von Balat. Gerichte ab 10 €.

Sadrazam Mahmut (**C** C1)
→ *Kumbarhane Cad. 64, Tel. (0212) 237 21 55, tägl. 11–1 Uhr, während des Ramadan geschl.*
Am Ufer von Hasköy liegt abseits der Touristenpfade dieses Restaurant, in dem abends Zigeunermusik das Stimmengewirr übertönt. Zu Grillfleisch und Innereien trinkt man am besten Raki. Probieren Sie auch einmal andere Geschmacksrichtungen wie *şalgam suyu*, Steckrübensirup. Gerichte um 10 €.

Cibalikapı Balıkçısı (**C** E3)
→ *Abdülezel Paşa Cad. 7, Tel. (0212) 533 28 46, Di–So 17–24 Uhr*
Das kleine Fischrestaurant mit dem hübschen Dekor direkt am Ufer des Goldenen Horns hat viele Fans. Besonders gut schmeckt *girit ezme*, kretischer Salat mit Käse, Knoblauch, Nüssen und Pistazien. Wer es süß mag, sollte *tahin-pekmez*, Sesamcreme mit Zimt, Trockenfrüchten und geriebenen Äpfeln, probieren. À la carte 15–20 €.

ŞAMBA PAZARI

BALAT SALI PAZARI

FETTÂH

Zeirekhane (**C** E4)
→ *İbadethane/Arkası Sk. 10, Tel. (0212) 532 27 78, tägl. 11–23 Uhr*
Zum Komplex der Zeyrek Camii (Pantokrator-Klosterkirche) gehört ein elegantes Restaurant mit einer Terrasse, die herrliche Blicke über die Stadt bietet. Wenn Sie keine Zeit für ein *zeyrek kebap* haben, sollten Sie wenigstens eine Kaffeepause einlegen. À la carte 20 €.

Âsitâne (**B** B3)
→ *Kariye Camii Sk. 18, Tel. (0212) 635 79 97, tägl. 7–23 Uhr*
Dieses Restaurant serviert traditionelle osmanische Gerichte. Auf der Karte stehen Speisen, die 1539 anlässlich der Beschneidungszeremonie der Söhne von Sultan Süleyman gereicht wurden. Der osmanische Brunch am Sonntag bietet eine gute Mischung von deftigen und süßen Speisen. À la carte 25–30 €.

Cafés, Teegärten

Daphni's (**C** D3)
→ *Sadrazam Ali Paşa Cad. 26, Tel. (0212) 531 48 58, tägl. 7–24 Uhr*
Gegenüber dem griechisch-orthodoxen Patriarchat von Fener befindet sich das Café-Restaurant des Hotels Daphni's, ein beliebter Treffpunkt von Künstlern und Intellektuellen. Hinter der kleinen Veranda machen Sie Erfahrungen, die tief ins Herz des volkstümlichen Viertels hineinführen.

Pembe Köşk (**C** B3)
→ *Kariye Camii Sk. 27, Tel. (0212) 635 85 86, tägl. 8–24 Uhr*
Die Terrasse ist genauso einladend wie das hübsche rosafarbene Holzhaus. Bei einem Glas Tee können Sie die wunderschönen byzantinischen Mosaiken der Kariye Camii (Chora-Kirche) noch einmal vor ihrem geistigen Auge Revue passieren lassen.

Ensar (**C** B1)
→ *Terrasse am Eyüp Bulvarı, Tel. (0212) 612 77 38, tägl. 6–24 Uhr*
Am Freitag findet man nur mit Mühe einen Platz am Brunnen: Ganze Familienverbände pilgern dann hierher, um ein Eis oder süßes Gebäck zu naschen. Wenn Sie Hunger haben, sollten Sie das gleichnamige Restaurant etwas weiter oben aufsuchen.

Café Pierre Loti (**C** B1)
→ *Oberhalb des Friedhofs von Eyüp, Tel. (0212) 581 26 96, tägl. 8–24 Uhr*
Am Hang über dem Friedhof von Eyüp stehen Tische unter einem Blätterdach. Von hier aus hat man einen herrlichen Blick über das Goldene Horn. Weit entfernt ist die Stadt mit den lärmenden Touristengruppen. Lassen Sie sich von der Magie des Ortes verzaubern wie viele Reisende vor Ihnen, und werfen Sie zum Abschluss einen Blick in die hübsche Küche.

Café du Levant (**C** D1)
→ *Hasköy Cad. 27, Tel. (0212) 235 63 28, Di–So 10.30–24 Uhr*
Schwarz-blaue Fliesen, alte Werbeschilder und im Hintergrund die Chansons von Edith Piaf prägen die Atmosphäre im eleganten Café des Museums Rahmi Koç, das an ein altes Pariser Bistro erinnert und auch französische Gerichte serviert.

Einkaufen

İtfaiye Caddesi (**C** D4)
→ *İtfaiye Cad., tägl. 10–19 Uhr*
Der Fleischmarkt ist täglich geöffnet, doch werden hier auch Käse und Gewürze angeboten. In den Straßen sitzen alte Leute auf niedrigen Schemeln, beäugen die Touristen und diskutieren über die Ungerechtigkeiten der Welt.

Çarşamba Pazarı (**C** D4)
→ *Am Fuß der Fatih Camii, Mi 10–19 Uhr*
Einer der lebhaftesten Märkte der Stadt! Die Obst- und Gemüseverkäufer preisen ihre Ware an, und ungezählte Frauen mit farbigen Kopftüchern drängen sich zwischen den Ständen, um preisgünstige Stoffe und Kleider zu erwerben.

Balat Salı Pazarı (**C** C2)
→ *Kirkambar Sk., Tel. (0212) 511 63 93, So 10–18 Uhr*
Auf diesem winzigen Wochenmarkt treffen sich die Bewohner des Viertels, um frische Produkte vom Land, etwa Butter, Quark, Brot, Obst und Gemüse, zu kaufen. Stürzen Sie sich einfach ins Gewühl!

Fettâh (**C** B3)
→ *Kariye Camii Sk. 19-50, Tel. (0212) 635 26 29, Do–Di 8.30–18 Uhr*
Teller, Tassen, Vasen und schlichte Zierkacheln aus Kütahya mit Blumenmotiven auf blauem Grund, die den berühmten Fayencen aus İznik ähneln, bietet dieses Atelier. Hier gibt es auch Stoffe und schönen Silberschmuck.

FETHİYE CAMİİ

ORTHODOKS PATRİKHANESİ

EYÜP

RAHMİ KOÇ MÜZESİ

rchen schmücken Einle-
ırbeiten aus Elfenbein.
Bulgar Kilisesi (**C** C2)
Mürsel Paşa Cad. 85,
. 9–16 Uhr
Ufer des Goldenen
rns steht diese ganz aus
sseisen erbaute Kirche.
98 hatte der Sultan ver-
, dass er das griechisch-
nodoxe Patriarchat dul-
würde, wenn es gelän-
innerhalb einer Woche
e Kirche zu errichten.
bulgarische Gemeinde
stellte daraufhin Eisen-
e in Wien und setzte sie
Tagen vor Ort zusam-
n. Oberhalb der Kirche
treckt sich das jüdische
rtel Balat.

★ **Kariye Camii** (**C** B3)
→ *Kariye Camii Sok. 28, Tel. (0212) 631 92 41, Do–Di 9–16.30 Uhr*
Die alte Chorakirche, Ende des 13. Jh. erbaut, birgt die schönsten Mosaiken und Fresken der byzantinischen Welt. Sie zeigen überaus realistisch dargestellte Szenen aus dem Leben Christi und der Jungfrau Maria.

★ **Theodos II Surlari** (**C** B3)
Die alte Landmauer, die Theodosius II. (408–450) zum Schutz des »Neuen Roms« zwischen dem Goldenen Horn und dem Marmarameer erbauen ließ, erstreckt sich über 7 km und umfasst 90 Türme und etwa genauso viele Paläste. Zumindest den Tekfur Sarayı, ein aus Backstein und Marmor errichtetes Gebäude (12. Jh.), sollten Sie sich anschauen.

★ **Eyüp** (**C** B1)
Am Ende des Goldenen Horns liegt dieses Viertel, das die Reliquien von Eyüp (Ayyub), dem Fahnenträger Mohammeds, birgt und daher immer noch Pilgerscharen anzieht. Zum großen Friedhof, auf dem zahlreiche Stelen mit Fez oder Turban (Männer) oder Blumenkränzen (Frauen) stehen, gehören auch viele Mausoleen. Bummeln Sie durch das Viertel, in dem es vor allem freitags vor und nach dem Mittagsgebet lebhaft zugeht, und besichtigen Sie die sehenswerte Moschee.

★ **Rahmi Koç Müzesi** (**C** D1)
→ *Hasköy Cad. 27, Tel. (0212) 297 66 39, Di–Fr 10–17, Sa und So 10–19 Uhr*
In einer ehemaligen Ankerfabrik aus dem 18. Jh. befindet sich heute das Industriemuseum, in dem Sie interessante Maschinen besichtigen und ausprobieren sowie ein U-Boot besteigen können.

MEVLEVİ TEKKESİ

TÜNEL

★ **Galata Köprüsü** (**D** B6)
Die 1992 nach einem Brand aufwendig sanierte Galatabrücke verbindet die beiden europäischen Ufer Istanbuls miteinander. Unten im Wasser liegen ungezählte Fischerboote, oben zieht ein stetiger Strom von Fahrzeugen und Fußgängern vorbei, die das Goldene Horn überqueren. Schließen Sie sich ihnen an, um den Blick zu genießen oder um in einem der zahlreichen Café-Restaurants zu rasten.

★ **Kamondo Merdivenleri** (**D** B5)
→ *Kart Çınar Sk. / Bankalar Cad.*
Die sanft geschwungene Jugendstiltreppe entstand Ende des 19. Jh. als Zugang zum Domizil des reichen und berühmten jüdischen Bankiers Camondo. Heute befindet sich hier ein Hotel. Genießen Sie einen Augenblick der Ruhe.

★ **Galata Kulesi** (**D** B5)
→ *Büyük Hendek Sk., Tel. (0212) 245 11 60, tägl. 9–20 Uhr*
Der Galataturm ist das letzte Überbleibsel der Stadtmauer, die die Genueser 1348 um Istanbul zogen. Von der 68 m hohen Plattform hat man einen phantastischen Panoramablick. Im 15. Jh. diente der Turm als Gefängnis, später hielt man hier Ausschau nach Bränden. Im 17. Jh. sprang ein mutiger Flugkünstler hier mit selbst gebastelten Flügeln ab und erreichte tatsächlich das asiatische Ufer.

★ **Mevlevi Tekkesi** (**D** B4)
→ *Galip Dede Cad. 15, Tel. (0212) 245 41 41, Mi–Mo 9.30–16.30 Uhr*
Das Kloster der tanzenden Derwische wurde bereits 1492 gegründet. Es verbirgt sich hinter einem schattigen Friedhof. In dem schönen achteckigen Gebäude befasst sich ein kleines Museum mit der Literatur des Diwan, wie die osmanische Dichtku auch genannt wurde, ur mit den tanzenden Derv schen. Am letzten Sonn des Monats versammel sich hier die Gläubigen, lauschen den Sufi-Gesä gen und drehen sich bis zur Ekstase im Kreis, wo sie die Bewegungen der Planeten nachempfinde Vorangemeldete Gäste können an der Zeremon als Zuschauer teilnehm

★ **Tünel** (**D** B4)
Ein hübscher Platz bilde die Endstation des Tüne der alten unterirdischen Zahnradbahn (1871) unc der »Nostalgiebahn« (A fang 20. Jh.). Hier könne

GALATA KÖPRÜSÜ

KAMONDO MERDİVENLERİ

GALATA KULESİ

Die Galatabrücke spannt sich von den lebhaften und farbenfrohen Kais von Karaköy zum anderen Ufer des Goldenen Horns. Vom Kai führen Straßen bis zum Galataturm, den einst die Genueser erbauten. Von seiner Spitze schweift der Blick weit über die historische Halbinsel. Ein Spaziergang führt von hier aus in das Herz des modernen, westlich geprägten Istanbul. Auf der İstiklâl, einer langen Fußgängerzone und Einkaufsstraße, drängen sich die Menschen zwischen den eleganten Fassaden aus dem 19. Jh., die heute das Bild des antiken Pera bestimmen. Bars, Clubs und Nachtlokale säumen die kleineren Seitenstraßen und Gassen und laden Nachtschwärmer zum Verweilen ein.

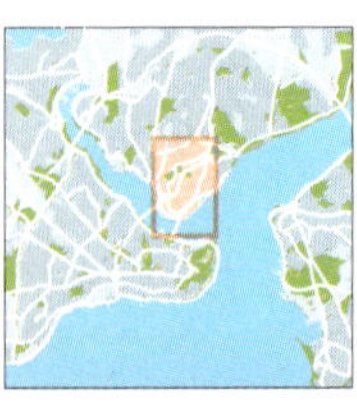

AMERİKAN PAZARI

ŞAHİKA

RESTAURANTS

Konak (**D** C2)
→ *İstiklâl Cad. 259, Tel. (0212) 252 06 84, tägl. 7–23 Uhr*
Auf halber Höhe der İstiklâl liegt dieses Restaurant mit Konditorei. Die Auswahl an *kebap* und *lahmacun* (dünne Pizza mit Fleisch) ist groß. Einfach, üppig und preiswert. Keine Alkoholika. À la carte 5–7 €.

Hacı Abdullah (**D** C2)
→ *Sakızağacı Sk. 17, Tel. (0212) 293 85 61, tägl. 12–22.30 Uhr*
Bereits 1888 wurde dieses Lokal gegründet, das Gerichte auf der Basis von frischem Gemüse und Obst zubereitet. An den Wänden reihen sich unzählige farbige Gläser aneinander, die zum Verkauf stehen. Keine Alkoholika. Gerichte um 10 €.

Nevizade Sk (**D** B2)
Einen türkischen Abend in den Gassen von Beyoğlu sollten Sie unbedingt einplanen. Die Musiker wandern von einem Lokal zum nächsten, und der Raki fließt in Strömen.

İmroz (**D** C1)
→ *Nevizade Sk. 24, Tel. (0212) 249 90 73, tägl. 12–23.45 Uhr*
Das Restaurant, das zu den besten Straßenlokalen der Stadt gehört, serviert ausgezeichnete Vorspeisen und Fisch. Am Wochenende unbedingt reservieren! À la carte 10–15 €.

Refik (**D** B4)
→ *Sofyalı Sk. 10, Tel. (0212) 243 28 34, Mo–Sa 11–24 Uhr*
Dieses Lokal bemerkt man kaum, obwohl es bei den Bewohnern des Viertels sehr beliebt ist. Probieren Sie *arnavut ciğeri* (Leber nach albanischer Art). Gerichte 10–15 €.

Kallavi 20 (**D** B3)
→ *Kallavi Sk. 20, Tel. (0212) 251 10 10, tägl. 20–1 Uhr*
In dieses *meyhane* kommt man nicht, um auf die Schnelle zu essen, sondern um den Abend zu genießen. Das Festpreismenü nimmt viel Zeit in Anspruch. Menü 14 €.

Eski İngiliz Karakolu (**D** B5)
→ *Galata Kulesi Sk. 61, Tel. (0212) 245 18 61, Di–So 12–24 Uhr*
Der Architekt Mete Göktuğ und seine Frau waren von Galata so begeistert, dass sie das alte englische Gefängnis (1904–1919) zum Restaurant umbauten.

BYLONE

PAŞABAHÇE

GALİP DEDE CADDESİ

Hier wird georgische Küche in originellem Ambiente zu Pianoklängen serviert. À la carte 15 €.

Cafés, Teegärten, Konditorei

Mihrimah Sultan (**D** B4)
→ *Kumbaracı Yokuşu 145, Tel. (0212) 293 66 27, tägl. 8–23 Uhr*
Den Garten und den Salon mit seinen Sesseln kann man von der Straße aus nicht sehen. Hier bekommen Sie Kaffee, eine Wasserpfeife und kleine Gerichte.

Amerikan Pazarı (**D** C4)
→ *Tophane, tägl. 9–2 Uhr*
Weinlaub umrankt die Terrassen des alten amerikanischen Marktes, um den sich heute rund 20 Cafés angesiedelt haben. Teegläser werden gereicht, Wasserpfeifen kreisen, während eine Partie *tavla* (Backgammon) auf die nächste folgt und der Nachmittag gemütlich ausklingt.

Güllüoğlu (**D** B5)
→ *Kemankeş Cad. / Katlı Otopark Altı (unter dem Parkplatz), Tel. (0212) 293 09 10, tägl. 9–21 Uhr*
Naschkatzen sollten diese Konditorei unbedingt aufsuchen. Hier können Sie sich mit köstlichen, siruptriefenden *baklava* mit Pistazien, Nüssen und Cremefüllung verwöhnen.

Bars, Clubs

Badehane (**D** B4)
→ *General Yazgan Sk. 5, Tel. (0212) 249 05 50, tägl. 9–2 Uhr*
Die beliebte Bar füllt sich jeden Mittwochabend, wenn Zigeunermusik erklingt. Freitags und samstags beherrschen Diskjockeys das Geschehen.

Şahika (**D** B2)
→ *Nevizade Sk. 17, Tel. (0212) 249 61 96, tägl. 11–4 Uhr*
Im Erdgeschoss befindet sich eine kleine Bar, die die lebhafte Atmosphäre der Nevizade Sk. aufnimmt. In den Obergeschossen gibt es einen Club und eine etwas ruhigere, intimere Lounge, ganz oben eine wunderschöne Aussichtsterrasse.

Babylone (**D** B3)
→ *Şehbender Sk. 3, Tel. (0212) 292 73 68, Mi–Sa 22–3 Uhr*
Latino- und Weltmusik, Jazz und Rock sowie Diskonächte im Wechsel; dieser Club gehört zurzeit zu den beliebtesten Szenetreffs der Stadt.

Kemancı (**D** D2)
→ *Sıraselviler Cad. 69/1, Tel. (0212) 251 27 13, tägl. 13–4 Uhr (Club 22–4 Uhr)*
Kultiger Ort für heiße Rocknächte. Auf drei Tanzbühnen können sich Nachtschwärmer austoben.

Hamam

Tarihi Galatasaray Hamamı (**D** C3)
→ *Turnacıbaşı Sk. 24, Tel. (0212) 252 42 42, Männer: tägl. 8–22 Uhr, Frauen: tägl. 8–20 Uhr*
Hier kann man sich den erfahrenen Händen eines Masseurs überlassen oder im Dampfbad seinen Träumen nachhängen. Trinkgeld ist sehr gefragt. 18 €.

Einkaufen

Galip Dede Caddesi (**D** B4)
→ *Mo–Sa 9–19 Uhr*
Die Straße der Musiker und Musikliebhaber.

Emre
→ *Nr. 79*
Traditionelle Instrumente: *bağlama, darbouka …*

Lale Plak
→ *Nr. 1*
Gute Auswahl an Weltmusik.

Paşabahçe (**D** B3)
→ *İstiklâl Cad. 314, Tel. (0212) 244 05 44, tägl. 10–20 Uhr*
In diesem Glaswarenladen gibt es modernes Design genauso wie Meisterwerke aus der Kollektion *Çeşm-i Bülbül*.

Balık Pazarı (**D** B2)
→ *Tägl. 9–20 Uhr*
Überdachte Einkaufspassage, in der sich neben dem Fischmarkt von Galata auch zahlreiche Feinkostläden und beliebte Lokale befinden. Übersehen Sie angesichts der kulinarischen Köstlichkeiten nicht die Avrupa Pasajı (Europapassage), wo Sie Souvenirs erwerben können.

İpek (**D** C2)
→ *İstiklâl Cad. 230, Tel. (0212) 249 82 07, Mo–Sa 8.30–19.30 Uhr*
Dieser Laden verkauft elegante Stücke aus Seide, darunter Halstücher und Krawatten mit schönen Mustern und Schriftzügen.

La Cave / Çağdaş (**D** D2)
→ *Sıraselviler Cad. 207, Tel. (0212) 243 24 05, tägl. 9–21 Uhr*
Über einem Feinkostladen befindet sich diese Weinhandlung, die gute Tropfen aus der Türkei und anderen Ländern anbietet.

İSTİKLÂL CADDESİ

PERA PALAS

ÇİÇEK PASAJI

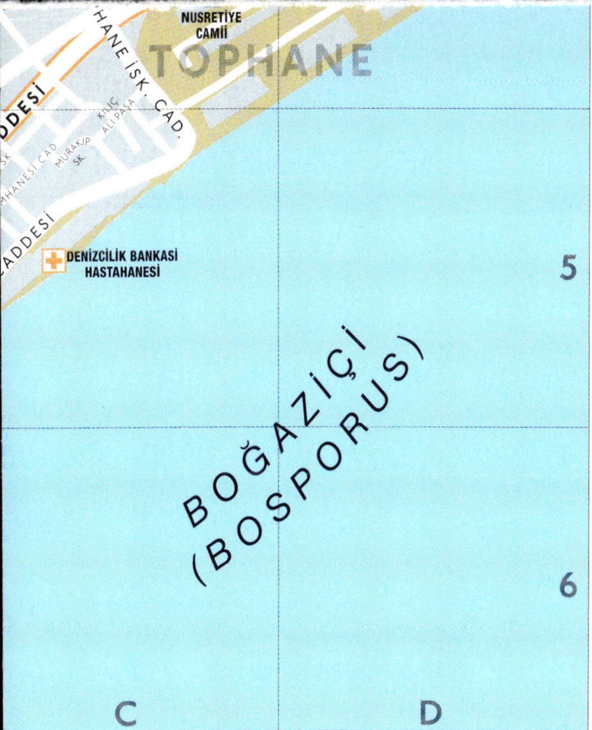

ÇUKURCUMA

TAKSİM

e sich in die letzte und odernste Phase des smanischen Reiches zuckversetzen lassen. Die eine Galerie der Tünel asajı mit Cafés und Antiuitätenläden zieht sich vischen Wohnhäusern us dem 19. Jh. entlang.

İstiklâl Caddesi (**D** B3)
uf der alten Hauptstraße n Pera erinnert noch viees an die Präsenz der Lentestaaten im Istanbul es 19. Jh. Seit dem 16. Jh. efinden sich hier Bothaften und elegante Prithäuser. Die Fußgängerne gehört aber mit ihren hicken Läden, Kinos und enelokalen auch zu den Wahrzeichen des modernen, nach Westen orientierten İstanbul. Schlendern Sie vom Tünel an den Straßenbahnschienen entlang über das Lyzeum von Galatasaray bis zum Taksim-Platz und werfen Sie einen Blick auf die überdachten Passagen und Konsulatsgebäude.

★ **Pera Palas** (**D** A3)
→ *Meşrutiyet Cad. 89–100, Tel. (0212) 251 45 60*
Das legendäre Hotel wurde 1892 von der Schlafwagengesellschaft für die Passagiere des Orientexpresses errichtet. Die prachtvolle Lobby wirkt nostalgisch und geheimnisvoll, besonders, wenn man an die berühmten Gäste denkt, die hier verkehrten: Agatha Christie, Greta Garbo, Atatürk ... Einige Zimmer stehen zur Besichtigung offen.

★ **Çiçek Pazajı** (**D** C2)
Einst verkauften russische Immigranten hier Blumen, doch diese Zeiten sind lange vorbei. Obgleich heute vor allem Touristen die Terrassen bevölkern, ist der Charme der Blumenpassage (1871) nicht verblasst. Mehrere Lokale drängen sich unter den schönen Arkaden.

★ **Çukurcuma** (**D** C3)
In dem kleinen Viertel sind viele Antiquitätenhändler zu Hause. Spazieren Sie durch die farbenfrohen Gassen zur Çukurcuma Camii, zur kleinen Moschee des Viertels, und genießen Sie dort die Ruhe.

★ **Taksim** (**D** D2)
Früher einmal wurde auf dem Taksim-Platz Wasser an die Bevölkerung verteilt. Heute schlägt hier das Herz des europäischen Ufers von Istanbul. Das Denkmal für den Unabhängigkeitskrieg, das Atatürk-Kulturzentrum und das Luxushotel Marmara bilden die Highlights des riesigen Platzes, auf dem alle großen öffentlichen Veranstaltungen stattfinden.

DENİZ MÜZESİ

ÇIRAĞAN SARAYI

YILDIZ PARKI

★ **Askeri Müze** (**E** A2)
→ *Vali Konağı Cad., Tel. (0212) 233 27 20, Mi–So 9–17 Uhr*
Detailgenau dokumentiert das weitläufige Militärmuseum die Geschichte der türkischen Armee von der Eroberung Konstantinopels (1453) bis heute. Täglich zwischen 15 und 16 Uhr spielt die osmanische Mehter-Kapelle der Janitscharen, der einstigen Elitesoldaten des Sultans, in Originaltrachten. Die Trommelschläge, die durchdringenden Stimmen und die grimmigen Mienen sind wahrhaft Furcht einflößend!

★ **Nişantaşı** (**E** A1)
In diesem eleganten Viertel sind viele Modeboutiquen ansässig, die alle großen Designermarken präsentieren. Auch Kunstgalerien findet man hier in großer Zahl, und für den kleinen Geldbeutel gibt es rund um die Rumeli Caddesi genügend Einkaufsmöglichkeiten.

★ **Katolik Mezarlığı** (**E** A1)
→ *Tayyreci Fehmi Sk. 4, tägl. 9–17 Uhr*
In der grünen und friedlichen Oase des katholischen Friedhofs haben viele berühmte levantinische Familien ihre letzte Ruhestätte gefunden. Geschmeidige Katzen streichen um die Gräber und Gedenkstätten für die Opfer des Krimkrieges (1854/55). Der orthodoxe Friedhof liegt gleich gegenüber.

★ **Ihlamur Kasrı** (**E** C1)
→ *Teşvikiye Ihlamur Yolu, Tel. (0212) 259 50 86, Di–Mi, Fr–So 9–16 Uhr*
Der kleine Lindenpavillon (19. Jh.), ein ehemaliges Lustschloss der Sultane, wartet mit einer Barockfassade und einem Rokokointerieur auf. Von dem weiträumigen Jagdrevier ist nur noch ein romantischer Blumengarten geblieben. Auch der Teesalon im Pavillon lohnt einen Besuch.

★ **Dolmabahçe Sarayı** (**E** B3)
→ *Dolmabahçe Cad., Tel. (0212) 258 55 44, Di–Mi, Fr–So 9–16 Uhr, nur mit Führer*
1856 gab Abdül Mecit di Residenz am Bosporus i Auftrag, die den Topkapı-Palast ersetzte. Sie umfasst 285 Zimmer, 46 Salons und sechs Hamams In dem gigantischen Prachtbau mischen sich barocke Einflüsse mit orientalischen Stilelemen ten. Besonders beeindru ckend sind der riesige, 4, schwere Lüster mit 750

ASKERİ MÜZE

NİŞANTAŞI

KATOLİK MEZARLIĞI

Von den Luxusboutiquen von Nişantaşı bis zu den Palästen am Bosporus zieht sich das elegante, üppige und reiche Istanbul. Der Dolmabahçe-Palast, eine prachtvolle Residenz aus dem 19. Jh., birgt Schätze, die jeden Betrachter in Erstaunen versetzen. Zu Fuß können Sie dann weiter durch die belebten Straßen von Beşiktaş und an den Kaianlagen vorbeischlendern, wo sich Menschenmassen tummeln. Weiter oben erinnern der Palast und die Rokoko-Kioske des Yıldız Parkı, der grünen Lunge der Stadt, an die letzten Tage des Osmanischen Reiches. Die älteste Brücke über den Bosporus beherrscht Ortaköy, das dörflichen Charme besitzt und vielleicht gerade deshalb mit vielen neuen Szenecafés aufwartet.

HÜNKAR LOKANTASI

KIR KAHVESİ

Restaurants

Şeker (**E** C2)
→ *Ortabahçe Cad. 43, Otopark Kanbur, Tel. (0212) 260 72 39, tägl. 12–24 Uhr*
Von der Straße aus sieht man das ruhige schattige Lokal nicht, deshalb verkehren hier vor allem Einheimische. Rund um einen Brunnen werden Grillfleisch und türkische Pizza serviert. Am Abend schauen sich die Gäste Fußball an. Gerichte 5–10 €.

Kaburga Sofrası (**E** A1)
→ *Halaskargazi Cad. 252/4, Tel. (0212) 225 95 95, tägl. 12–23 Uhr*
Hier kommen Spezialitäten aus Mardin, einer Stadt im Südosten der Türkei, auf den Tisch. Das Festpreismenü bietet kulinarische Genüsse: Salat mit Granatapfelsaft, Kohlrouladen und gefülltes Lamm gehören ebenso dazu wie *helva* mit Pistazien und der superstarke Café mit Kardamom zum Schluss. Menü 10 €.

İlhami'nin Yeri (**E** F2)
→ *Osmanzade Sk. 6, Tel. (0212) 260 80 80, tägl. 11–2 Uhr*
Das einzige echte *meyhane* von Ortaköy serviert Vorspeisen, gegrillten Fisch und Raki, dazu wird fleißig musiziert. Gerichte um 10 €.

Malta Köşkü (**E** E1)
→ *Tel. (0212) 258 94 93, tägl. 9–22 Uhr*
Auf den grünen Höhen des Yıldız Parkı hat sich der elegante Malta-Kiosk (19. Jh.) zu einem beliebten Brunch-Restaurant entwickelt. Am Wochenende biegen sich die Tische des Büfetts unter den Speisen, und unter der Laube verfliegt die Zeit. Büfett 11 €.

Hünkar Lokantası (**E** B1)
→ *Mim. Kemal Öke Cad. 21, Tel. (0212) 225 46 65, tägl. 12–24 Uhr*
1950 wurde das Lokal im Viertel Fatih gegründet und erfreut sich seitdem großer Beliebtheit. Heute kommt vor allem die Oberschicht aus Nişantaşı hierher. *Ayvalı yahni* (Lamm mit Quitten), *beğendili kebap* (mit Auberginenpüree) und *hamsili pilav* (Sardellengratin mit Kräutern und Reis) gehören zu den Standardgerichten. À la carte 20–25 €.

Feriye Lokantası (**E** E2)
→ *Çırağan Cad. 124, Tel. (0212) 227 22 16, Di–So 12–24 Uhr*
In einem Ableger des Palastes von Çırağan wurde

BARBAROS HAYRETTIN PAŞA İSKELESİ

MİS PAK

YARGICI

dieses Luxusrestaurant eröffnet. Die Küche serviert kulinarische Köstlichkeiten, die eines osmanischen Sultans würdig wären. À la carte 30 €.

CAFÉS, TEEGÄRTEN, BAR

Küçük Çiftlik (**E** B2)
→ *Maçka Parkı, Kadırgalar Cad., Tel. (0212) 219 16 54, tägl. 8–24 Uhr*
Der Teegarten des Maçka Parkı bietet Entspannung nach einem Einkaufsbummel durch die schicken Boutiquen von Nişantaşı. Kleine Gerichte.

Barbaros Hayrettin Paşa İskelesi (**E** C3)
→ *Tägl. rund um die Uhr*
An den Kais des Barbarossa-Anlegers schwirren zahlreiche Teeverkäufer durch die Menge der Studenten, Anwohner und Passagiere, die auf das nächste Schiff warten. Auf kleinen Schemeln sitzen hier die Leute und beobachten das Kommen und Gehen am Bosporus. Ein faszinierender Anblick!

Mis Pak (**E** C2)
→ *Sehit Asım Cad. / Köyiçi Mektep Sk. 13, Tel. (0212) 260 53 76, tägl. 9–24 Uhr*
Gleich hinter dem Fischmarkt von Beşiktaş erkennt man das hübsche und beliebte Café an dem großen farbigen Fresko am Eingang. Alte Männer rauchen hier in aller Gemütsruhe in der Gartenlaube ihre Wasserpfeife, die jungen Leute ziehen die Gesellschaftsspiele im Saal vor.

Kir Kahvesi (**E** D1)
→ *Yıldız Parkı, unweit des Yıldız Şale, tägl. 9–21 Uhr*
In dem Café herrscht eine erfrischend familiäre Atmosphäre, die man im Schatten der mächtigen Bäume des Yıldız Parkı genießen kann. Das Sprudeln des großen Brunnens lullt die Gäste, die es sich auf den Kissen im großen Zelt gemütlich gemacht haben, sanft ein. Kleine Gerichte und Wasserpfeifen.

Cafe Creme (**E** F1)
→ *Değirmen Sk. 12, Tel. (0212) 227 72 94, Mo–Sa 10–22.30 Uhr, So 9–22.30 Uhr*
Das Café ist genauso angenehm wie sein Name. Die Gaststube ist gemütlich ausgestattet, die Terrasse schattig und einladend. Am Wochenende versammeln sich die Gäste nach dem Besuch des Kunsthandwerksmarktes von Ortaköy hier zum Brunch.

Kazan (**E** C2)
→ *Dolmabahçe Cad. 69, Tel. (0212) 261 58 45, tägl. 11–23 Uhr*
Männer und Frauen, Studenten und Angler, Arbeiter und Angestellte treffen sich hier am Ende des Arbeitstages, um ein Gläschen zu trinken und ein Schwätzchen zu halten.

EINKAUFEN

Beşiktaş Pazarı (**E** C1)
→ *Deryadil Sk. und Dere Muradiye Deresi, Sa 9–19 Uhr*
Auf dem Markt von Beşiktaş finden Sie Stoffe, Wäsche und Unterwäsche in rauen Mengen, und entsprechend groß ist der Andrang.

Ortaköy Pazarı (**D** F2)
→ *Wochenende 9–22 Uhr*
Schmuck, Halstücher, Geschirr und Nippes füllen am Wochenende die Stände der Kunsthandwerker in den hübschen Kopfsteinpflastergassen und an den Kais von Ortaköy. Die meisten Besucher kommen vor allem wegen der Atmosphäre.

Köyevi (**E** C2)
→ *Nüzhetiye Cad. 37/B, Tel. (0212) 261 69 25, Mo–Sa 8–20 Uhr*
In diesem Laden erhalten Sie Olivenöl, Kräuter, Honig und Marmelade aus biologischem Anbau. An 3 kleinen Tischen können Sie biodynamische Gerichte probieren.

Pelit Turşucu (**E** C2)
→ *Şair Nedim Cad. 131/F, Tel. (0212) 258 41 18, Mo–Sa 10–23 Uhr, So 13–23 Uhr*
In diesem märchenhaften Laden gibt es Gläser mit *turşu*, in Essig eingelegten Gemüsen, die als besonders vitaminreich gelten. Manche Kunden trinken nur kurz ein Glas des Essigsaftes, um ihren Energiehaushalt in Ordnung zu bringen.

Yargici (**E** B1)
→ *Vali Konağı Cad. 30, Tel. (0212) 225 2912, Mo–Sa 9.30–19.30 Uhr, geschl. Juli–Aug.*
Klare Formen und leuchtende Farben bestimmen die lässige bis elegante Mode in diesem Laden.

Gönül Paksoy (**E** B1)
→ *Atiye Sk. 6/A und 1/3, Tel. (0212) 261 90 81, Mo–Sa 10–19 Uhr*
Eine talentierte Modeschöpferin hat sich auf die Qualitäten der osmanischen Kleidung besonnen und verkauft Kaftane und Schmuck aus eigener Produktion.

IHLAMUR KASRI

DOLMABAHÇE SARAYI

YILDIZ ŞALE

ORTAKÖY

ntern im riesigen Empgssaal und die monuntale Treppe mit Krishandläufen. Die Anıfung von Reichtümern rte mit zum Verfall des ches. Für den Besuch s Hamams müssen Sie sondert zahlen.

Deniz Müzesi (**E** C2)
Cezayir Cad., (0212) 261 00 40, -So 9–12.30 und 0–17 Uhr
s Schifffahrtsmuseum fasst zwei Abteilungen: e sehenswerte Sammg türkischer *qaiq* (leichte ote, mit denen man frü- die Paläste am Bospoanfuhr) und eine Abteilung über die Geschichte der türkischen Flotte.

★ **Çırağan Sarayı** (**E** E2)
→ *Çırağan Cad. 84*
Der Çırağan-Palast (1874), die Residenz von Sultan Abdül Aziz, brannte 1910 ab und blieb lange Zeit als Ruine liegen, bis er als Luxushotel neu erbaut wurde. Die eindrucksvolle Fassade aus weißem Marmor im maurischen Stil ist stolze 300 m lang und liegt direkt am Bosporus.

★ **Yıldız Parkı** (**E** E1)
→ *Çırağan Cad.*
Die riesige Oase mit Bäumen und Blumen, Teichen und Springbrunnen erstreckt sich auf einem Hügel über dem Bosporus. Hier treffen sich sonntags Familien aus Istanbul, um im Gras zu picknicken oder am Brunch im hübschen Malta Köşkü, einem Rokokokiosk, oder im Çadir Köşkü teilzunehmen.

★ **Yıldız Şale** (**E** D1)
→ *Park Yolu, Yıldız Parkı, Tel. (0212) 259 45 70, Di–Mi, Fr–So 9.30–17 Uhr*
Auf einer Anhöhe im Yıldız-Park steht der Empfangspavillon des Sultanspalastes von Abdül Hamit II. (1876–1909). Hinter der prachtvollen Holzfassade, die an ein Schweizer Chalet erinnert, verbirgt sich ein üppig ausgestattetes Gebäude. Besonders hübsch ist das Bad mit Emailkacheln, die Blumenmotive zeigen.

★ **Ortaköy** (**E** F2)
Ortaköy gehört mittlerweile zu den beliebtesten Vierteln von İstanbul. Das ehemalige Fischerdorf umfasst ein Netz farbenfroher Gassen, in denen am Wochenende Kunsthandwerk zum Verkauf steht. Abends öffnen rings um die große Brücke über den Bosporus Luxusrestaurants und Clubs; über alle wacht die große Moschee von Ortaköy, die sich direkt am Wasser erhebt.

ŞEMSİ PAŞA CAMİİ

KIZ KULESİ / LEANDERTURM

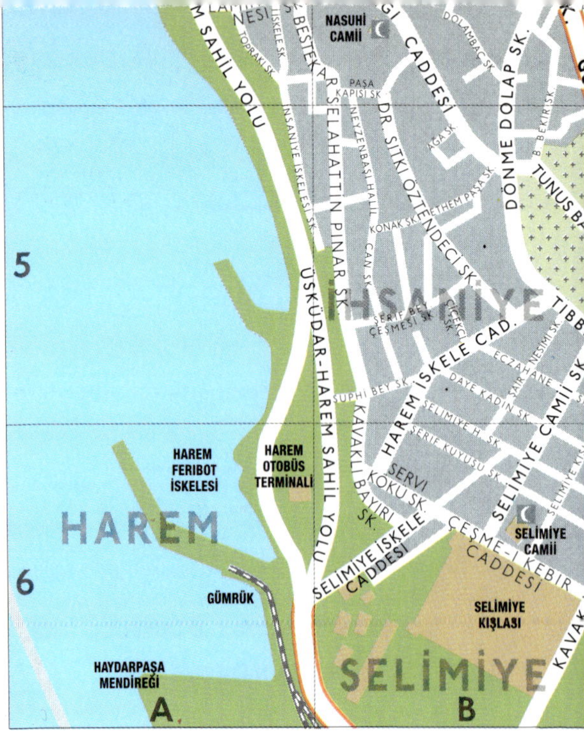

★ **Kuzguncuk** (**F** D1)
Abseits vom Trubel in Üsküdar liegt das Viertel Kuzguncuk, das dörfliche Atmosphäre mit kosmopolitischem Charme verbindet. Eine Synagoge, Kirchen und Moscheen existieren friedlich nebeneinander, dazwischen liegen Gärtchen, Kunstgalerien und alte Holzhäuser (die schönsten säumen den Bosporus und die Straße Simitçi Tahir).

★ **Mihrimah Camii** (**F** B2)
→ *Üsküdar Meydanı, tägl. Sonnenaufgang–Sonnenuntergang*
Die mächtige Moschee, die Sinan 1547 für Prinzessin Mihrimah, eine Tochter Süleymans des Prächtigen, erbaute, beherrscht den quirligen Platz am Anleger mit dem Barockbrunnen von Ahmet III. (1726). Hinter dem Brunnen, der für rituelle Waschungen genutzt wird, dehnt sich ein Friedhof aus. Hier steht auch eine alte Koranschule, die zum Kinderkrankenhaus umgebaut wurde.

★ **Yeni Valide Camii** (**F** B3)
→ *Hakimiyeti Milliye Cad., tägl. Sonnenaufgang–Sonnenuntergang*
Die zweite große Moschee am Hauptplatz von Üsküdar wurde 1710 im Auftrag Ahmets III. zu Ehren der Sultansmutter *(valide)* errichtet. Sie zeichnet sich durch einen schönen Hof und einen großen *külliye* aus, in dem sich früher die Alten versammelten. Das Mausoleum *(türbe)* zeigt deutlich barocke Einflüsse.

★ **Şemsi Paşa Camii** (**F** A3)
→ *Üsküdar Harem Sahil Yolu, tägl. Sonnenaufgang–Sonnenuntergang*
Am Ufer des Bosporus errichtete Sinan im Jahre 1580 eine seiner kleineren Moscheen. Hier kann man zwischen Fischern wunderbar am Ufer entlangspazieren, sich die Seeluft um die Nase wehen lassen und den unvergesslichen Blick auf das europäische Ufe genießen.

★ **Kız Kulesi / Leanderturm** (**F** A4)
→ *Im Boot ab Salacak, Ortaköy oder Kabataş, Tel. (0216) 342 47 47, Di–So 11.30–19 Uhr, abends 20–1 Uhr (Reservierung nötig)*
Auf einer Insel, 200 m v Ufer von Üsküdar entfer steht der Leanderturm, alter Leuchtturm und Zo posten, der den Schiffe den Eintritt in den Bospo anzeigt. Von oben blick man über die ganze Sta Unten lädt die Terrasse einem ausgedehnten S nenbad ein. Von hier au

KUZGUNCUK

MİHRİMAH CAMİİ

YENİ VALİDE CAMİİ

A
B
1
2
3
4
KINALIADA
KIZIL ADALAR
PRINZENINSELN
RUM PANAYA
KINALI
BURGAZADA
HEYBELİADA
BURGAZ
AYAİRİYADE MANASTIRI
AYA DIMITRI
BÜYÜKADA
AYATUTHEMA AYAZMASI
AYA YORGİ MANASTIRI (GEORGSKLOSTER)
SEDEFADASI
BALIKÇI AD.
0 2,5 km
MİHRİMAH CAMİİ
ÜSKÜDAR İSKELESİ
MİHRİMAH-MOSCHEE
ŞEMSİ PAŞA CAMİİ
ŞEMSİ-PAŞA-MOSCHEE
KÜTÜPHANESİ
ÜSKÜDAR MEYDANI
SELMANİPAK CAD.
HAKİMİYETİ MİLİYE CAD.
YENİ VALİDE C.
YENİ-VALİDE-MOSC
SAHİL YOLU
ÜSKÜDAR-HAREM
UNCULAR CAD.
DOĞANCILAR CAD.
ŞEMSİ PAÇA
TULUMBACILAR SK.
VELİOĞLU SK.
MEHMET P. SK.
ENFİYEHANE
ÖĞDÜL SK.
SALACAK
AÇIK TÜRBE SK.
BÜYÜK HAMAM SK.
KARA DAVUT CAMİİ
KIZ KULESİ
LEANDERTURM
DAVUTOĞLU SK.
MÜSAHİPZADE CELAL TİYATROSU
AHMEDİYE CAMİİ
ŞEHİT SÜLEYMAN PAŞA CAMİİ
GÜNDOĞUMU
HALK CADDESİ
TUNUS
ÜSKÜDAR-HAREM
SAİR NAİLİ SK.

F

Üsküdar / Kızıl Adalar

Die Fahrt über den Bosporus gehört wohl für jeden Istanbulreisenden zum Programm. Am asiatischen Ufer herrscht an den Kais von Üsküdar, einem beliebten und traditionsreichen Vorort mit zahlreichen Moscheen, immer reges Treiben. Am Ufer liegen schwimmende Lokale, aus denen es verführerisch nach gegrilltem Fisch duftet; dazu weht Spaziergängern und Anglern eine leichte salzige Brise um die Nase. Weiter südlich steht auf einer kleinen Insel der Leanderturm, dem das europäische Ufer als Kulisse dient. In einiger Entfernung liegen die grünen, zum Teil unbewohnten Prinzeninseln im Marmarameer.

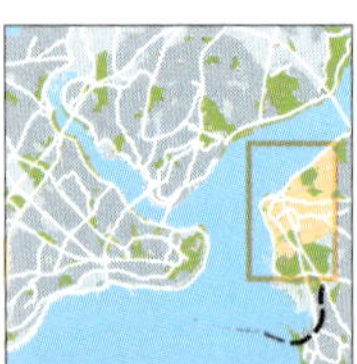

YÜCETEPE KIR GAZINOSU

KANAAT LOKANTASI

Restaurants

Yücetepe Kır Gazinosu (**F** A1)
→ *Aya Yorgi, Büyükada, Tel. (0216) 382 13 33, tägl. 9–20 Uhr*
Oben auf dem Hügel des Georgsklosters liegt dieses Lokal malerisch unter Zypressen. Spieße, *börek* (Blätterteigtaschen mit Käse) und kleine Gerichte, die man mit den Fingern isst, passen hervorragend zum Wein, den die Mönche selbst anbauen. Von hier oben blickt man über die Insel und das blaue Marmarameer bis nach Istanbul.

Kanaat Lokantası (**F** B2)
→ *Selmanipak Cad. 25, Tel. (0216) 333 37 91, tägl. 6.30–23.30 Uhr*
Der Ruf des Restaurants ist bis ans europäische Ufer vorgedrungen. 40 Vorspeisen, 60 warme Gerichte und 25 Desserts erwarten die Gäste, und jedes Gericht schmeckt hervorragend. Der Service arbeitet gut, bei alledem herrscht eine familiäre Atmosphäre. Keine Alkoholika. Gerichte 5–10 €.

Huzur (**F** A3)
→ *Salacak, İskele Cad. 18, Tel. (0216) 333 31 57, tägl. 12–1 Uhr*
Zum Raki passen Tintenfisch und andere Vorspeisen – bei einem Blick auf den Sonnenuntergang über dem Bosporus. Der Abend lässt sich mühelos mit gegrilltem Fisch und einem Glas Weißwein fortsetzen. Gerichte 10–15 €.

Katibim (**F** A2)
→ *Üsküdar-Harem Sahil Yolu 53, Tel. (0216) 310 90 80, tägl. 12–24 Uhr*
Hier gibt es eine große Auswahl an gegrilltem oder gekochtem Fleisch, das man hinter großen Glasfenstern oder auf der Terrasse genießen kann. In beiden Fällen ist der Blick auf die historische Halbinsel und die Bosporusbrücke einmalig. À la carte 10–15 €.

İsmet Baba (**F** D1)
→ *İcadiye Cad. 96–98, Tel. (0216) 333 12 32, tägl. 12–22 Uhr. An muslimischen Feiertagen geschl.*
Im ruhigen Viertel Kuzguncuk lädt das kleine Fischrestaurant am Ufer des Bosporus zum Verweilen ein. Durch die Scheiben blickt man auf die Containerschiffe, die zum Schwarzen Meer fahren, und auf die Fischerboote, die auf den Wellen schaukeln. Gerichte 10–15 €.

ONLUK KAHVESİ

ÜSKÜDAR ÇARŞISI

AKTAR GIDA

Prinkipo (**F** A1)
→ *Kumsal Cad. 19, Büyükada, Tel. (0216) 382 29 67, tägl. 9–24 Uhr*
Auf der dem Meer zugewandten Seite der schönen Insel Büyükada versammeln sich die Stammgäste, um *meze* und gegrillten Fisch zu essen. À la carte 12–15 €.

Kızkulesi (**F** A3)
→ *Leanderturm, mit dem Boot ab Salacak, Ortaköy oder Kabataş, Tel. (0216) 342 47 47, Di–So 12–19 und 20–1 Uhr*
Der Gewölbesaal und die mit Wasserpflanzen begrünte Terrasse des Leanderturms laden zu einem romantischen Abendessen mitten im Bosporus ein. Für den Abend müssen Sie unbedingt reservieren. Abends Festpreismenü 25 €, mittags à la carte 10–15 €.

CAFÉS, TEEGÄRTEN, BAR

Limonluk Kahvesi (**F** D1)
→ *Perihan Abla Sk. 3, Tel. (0216) 341 01 44, tägl. 10–22 Uhr*
Dieses schicke Café macht deutlich, was zurzeit im beliebten Künstlerviertel Kuzguncuk angesagt ist. Genießen Sie kleine Tagesgerichte in tollem Ambiente!

Üsküdar Çay Bahçesi (**F** A2)
→ *Şemsi Paşa Camii, Üsküdar–Harem Sahil Yolu, Tel. (0216) 495 24 25, tägl. rund um die Uhr*
Gleich neben der hübschen Şemsi-Paşa-Moschee befindet sich dieser Teegarten, von dem aus man die Schiffe auf dem Bosporus tanzen sieht. Auf der Straße verkaufen Händler *simit* (Sesamkringel).

Tee-Kiosk Sahil Yolu (**F** A3)
→ *An den Kaianlagen zwischen Şemsi Paşa Camii und Kız Kulesi, tägl. rund um die Uhr*
Viel braucht man nicht, um sich wohlzufühlen: Bestellen Sie einen Tee an einem der Kioske, die die Kais gegenüber dem Leanderturm säumen, und genießen Sie die tolle Aussicht.

Cafe Turing (**F** A1)
→ *Büyükada İskelesi, Tel. (0216) 382 83 05, tägl. 8–24 Uhr*
Unter den Kuppeln des Cafés am Büyükada-Anleger (1899) fällt das Sonnenlicht durch farbige Glasfenster, während auf der Terrasse eine sanfte Brise den Aperitif noch genussreicher macht. Schöner kann Istanbul auch während seines goldenen Zeitalters nicht gewesen sein.

HAMAM

Çinili Hamamı (**F** D3)
→ *Çinili Hamam Sk. / Allame Cad., Tel. (0216) 334 97 10, Männer: tägl. 8–22 Uhr, Frauen: tägl. 8–18 Uhr*
Neben der mit Fayencen verzierten Moschee Çinili Camii können Sie in einem kleinen Hamam (1640) ein Bad genießen. 8 €.

EINKAUFEN

Üsküdar Çarşısı (**F** B2)
→ *Rund um die Üsküdar Meydanı, tägl. 9–21 Uhr*
Hier können Sie in den Düften und Farben des Orients schwelgen und die phantastische Vielfalt von Gewürzen, Fischen, Obst und Gemüse bestaunen.

Bingol Bal Pazarı (**F** B2)
→ *Selman Ağa Çeşme Sk. 1, Tel. (0216) 334 69 31, Mo–Sa 8.30–20.30 Uhr*
Unter der schönen Kuppel eines Ablegers der Mihrimah-Moschee hat sich dieser Laden angesiedelt, in dem Sie goldenen Honig *(bal)* kaufen können.

Aktar Gıda (**F** B3)
→ *Büyük Hamam Sk. / Akbal İshanı 19/4, Tel. (0216) 334 98 66, Mo–Sa 8–20 Uhr*
Die kleinen Unpässlichkeiten des Alltags können Sie mit Heilkräutern, Salben und Räucherstäbchen aus diesem Laden selbst kurieren. Im schlimmsten Fall hilft vielleicht ein Amulett gegen den bösen Blick.

Bit Pazarı (**F** B3)
→ *Büyük Hamam Sk. / Bulgurlu Mescit Sk, tägl. 10–22 Uhr*
Auf drei Ebenen stapeln sich Antiquitäten und leicht angestaubter Trödel, darunter Möbel, Lampen, Holztruhen, Spiegel und mehr. Ein Muss für Flohmarktfans!

Harmony (**F** D1)
→ *İcadiye Cad. 30–32 und 70, Tel. (0216) 310 39 57, Mo–Sa 10–19 Uhr*
Die Künstler von Kuzguncuk haben ihr Talent in diesem Laden mit wunderschönen Designermöbeln entfaltet. In der gleichen Straße befindet sich auch eine Kunstgalerie. Beide Geschäfte zeugen vom Wandel, der sich in dem Viertel vollzieht.

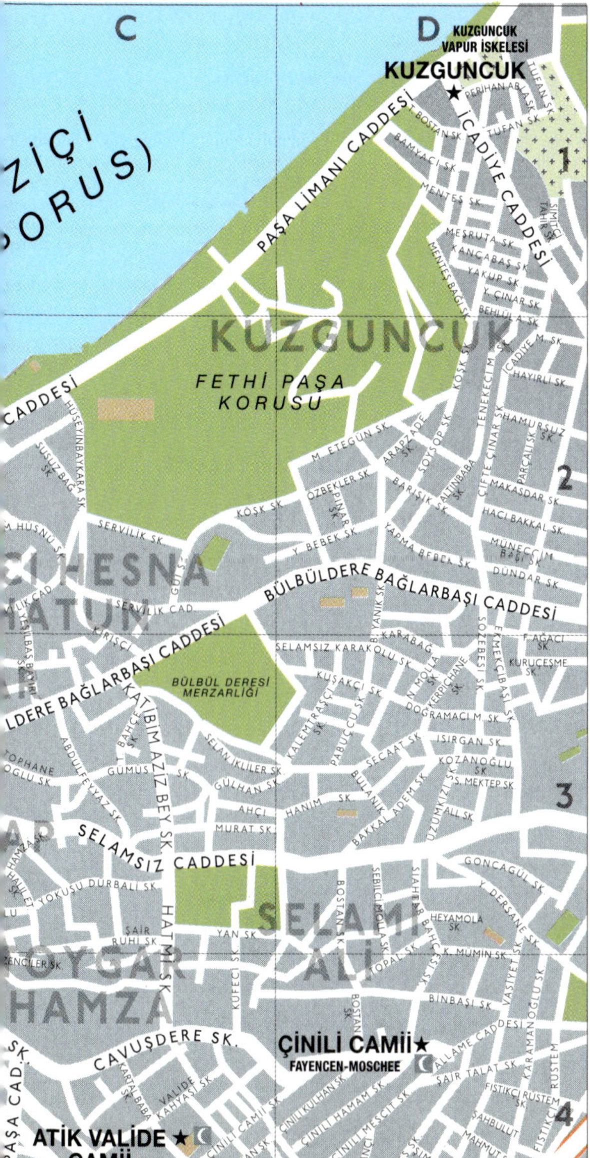

KARACA AHMET MEZARLIĞI

ATİK VALİDE CAMİİ

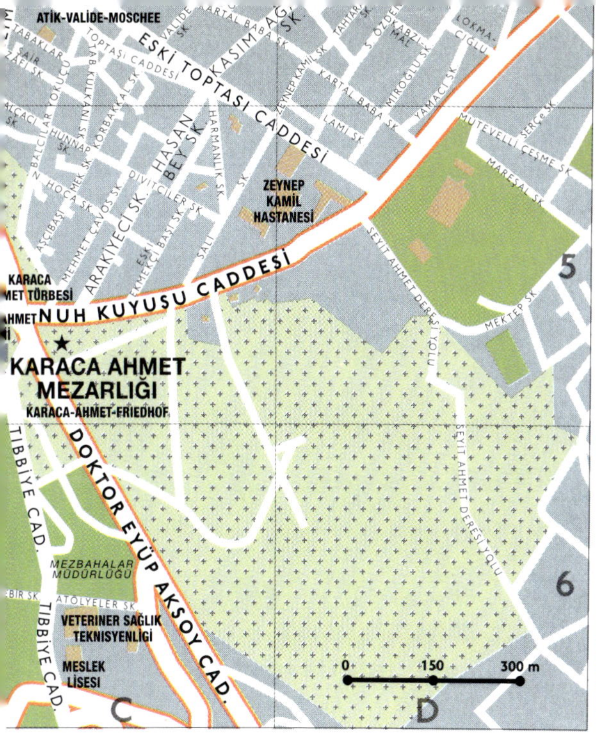

ÇİNİLİ CAMİİ

KIZIL ADALAR / PRINZENINSELN

…nn man die riesigen Tan-
…r und Frachtschiffe be-
…unen, die fast greifbar
…h vorüberziehen. Am
…hönsten ist natürlich ein
…mantisches Abendessen
…en im Turm.

…Karaca Ahmet …ezarlığı (F C5)
→ Nuh Kuyusu Cad.,
…l. 8.30–17.30 Uhr
…achen Sie einen Spazier-
…ng über einen der größten
…uslimischen Friedhöfe
…s Orients. Tausende von
…ibern säumen die Alleen,
…er und da sieht man auch
…n Turbanen gekrönte
…elen. In dem Teil, der an
…n Haydarpaşa-Bahnhof
…nzt, finden sich besonders schöne Beispiele osmanischer Grabkunst.

★ Atik Valide Camii (F C4)
→ Çinili Camii Sk. / Kartal Baba Sk., tägl. Sonnenaufgang–Sonnenuntergang
Sinans letztes großes Werk (1583) steht auf dem Hügel von Üsküdar: Es handelt sich zum eine Moschee, die er zu Ehren von Nur Banu, der Mutter Murats III., erbaute. Ein Portikus mit Marmorsäulen säumt den schattigen Hof, über den man in den mit schwarz-rot-goldenen Fresken verzierten Gebetssaal und zum *mihrab* mit reichem Fayencenschmuck aus dem 16. Jh. gelangt. Die Moschee wird zurzeit restauriert.

★ Çinili Camii (F D4)
→ Çinili Hamam Sk. / Allame Cad., tägl. Sonnenaufgang–Sonnenuntergang
Kacheln in allen erdenklichen Blautönen zieren die Mauern der »Fayencen-Moschee« (1640). Vollendete Kunst aus İznik innen wie außen! Die Moschee ist das Schmuckstück von Üsküdar.

★ Kızıl Adalar / Prinzeninsel (F A1)
→ Fähren und Wasserbusse legen von Eminönü und Kabataş ab
Mit ihnen kann man die 9 Inseln vor Istanbul ansteuern und fernab vom Trubel der Stadt Ruhe finden. Früher verbannte man aufsässige Prinzen auf die Inseln; im 19. Jh. siedelten sich hier Juden, Griechen und Armenier an. Heute jedoch sind sie beliebte Ausflugsziele der Bevölkerung von Istanbul. Auf Büyükada, der größten Insel, stehen noch schöne Holzhäuser aus dem 19. und frühen 20. Jh. Autos sind auf der Insel verboten, Fahrräder und Kutschen jedoch erlaubt. Auf dem Hügel liegt das orthodoxe Georgskloster (10. Jh.).

Bahnhöfe

Züge

Sirkeci Garı (A B2)
→ *Europäisches Ufer, Tel. (0212) 527 00 50*
Bahnhof des Orientexpresses, Züge nach Europa.

Haydarpaşa Garı
→ *Asiatisches Ufer, Tel. (0216) 336 04 70*
Züge nach Anatolien.

Bus

Esenler Otogarı
→ *10 km westlich der Sultan-Ahmet-Moschee, Tel. (0212) 658 05 05*
Züge in die Türkei, nach Europa und Asien.

Harem Otogarı (F A5)
→ *Asiatisches Ufer, Tel. (0216) 333 37 63*
Alle Richtungen.

BUSBAHNHOF

STRASSENBAHN

Öffentliche Verkehrsmittel

Hızlı Metro
→ *6.30–0.30 Uhr*
Zwei Linien: Süden (Aksaray–Yeni Bosna) und Norden (Taksim–4. Levent). Verbindungen zwischen beiden Linien geplant.

Straßenbahn

Hızlı-Straßenbahn
→ *5–24 Uhr*
Eminönü–Zeytinburnu.

Eski Straßenbahn
→ *7–21 Uhr*
»Nostalgische Straßenbahn« (Anfang 20. Jh.). Fährt über die İstiklâl Caddesi vom Tünel nach Taksim.

Tünel
→ *7–21 Uhr*
Unterirdische Zahnradbahn (1871). Verbindung nach Karaköy (650 m).

Otobüs
→ *6–23 Uhr*
Städtisch (İETT) oder privat (Ö. H. O.). Weit verzweigtes, gut funktionierendes Netz. Kein Fahrplan, Abfahrtszeiten stehen an den Bussen.

Banliyö Treni
→ *6–23.30 Uhr*
Vorstadtzüge an beiden Ufern.

Teleferik
→ *7–21 Uhr*
Führt über den Maçka Parkı von der Taşkışla Cad. zur Spor Cad.

Fahrscheine oder Jetons
→ *Tarif: ca. 0,5 €*
An Schaltern.

AKBİL-Ticket
→ *Tarif: Grundpreis 4 € plus Einheiten pro Fahrt*
Metallchip, gültig in Metro, Straßenbahn, Tünel, Stadtbussen, Fähren und Wasserbussen. Erhältlich an AKBİL-Schaltern. Wiederaufladbar.

Dieses Gästehaus ist ebenfalls freundlich, aber etwas ruhiger als die übrigen Unterkünfte. Schlafsaal 7–9 € / Pers., Doppelzimmer 20 €.

Unter 60 €

Avrupa Oteli (D D1)
→ *Topçu Cad. 32, Tel. (0212) 250 94 20*
Mitten im Herzen des modernen Teils von Taksim liegt dieses freundliche Hotel mit zitronengelben Wänden und geblümten Vorhängen. 18 saubere und gemütliche Zimmer. 37 €.

Apricot Hotel (A B5)
→ *Akbıyık Cad. 75, Tel. (0212) 638 16 58, www.abricothotel.com*
Das Hotel, eines der neuesten im Viertel Sultanahmet, bietet 18 kühle, tadellose Zimmer und eine Dachterrasse fürs Frühstück. Ausgezeichnetes Preis-Leistungs-Verhältnis. 40–50 €.

Tash Konak Hotel (A B5)
→ *Tormurcuk Sk. 5, Tel. (0212) 518 28 82, www.tashkonak.com*
Hinter einer Holzfassade verbirgt sich ein reizvolles Hotel, in dem es sich gut leben lässt. Schöne Terrasse, 20 Zimmer. 45 €.

Side Hotel & Pension (A B5)
→ *Utangaç Sk. 20, Hotel: Tel. (0212) 517 22 82, Pension: Tel. (0212) 517 65 90, www.sidehotel.com*
Apartments, Hotel oder Pension: Sie haben die Wahl, dürfen aber in jedem Fall die Terrasse mit Blick auf die Blaue Moschee nutzen. Meiden Sie die Zimmer mit Blendmauern. Pension 35 €; Hotel / Apartment 50 €.

Şebnem Hotel (A C5)
→ *Akbıyık Cad. / Adliye Sk. 1, Tel. (0212) 517 66 23, www.sebnemhotel.com*
Das entzückende kleine Hotel umfasst 15 sehr angenehme Zimmer mit Holzmöbeln, Himmelbetten und Parkettböden. Natürlich gehört zum Haus eine Terrasse. 55 €.

Bonjour Guesthouse (A B5)
→ *Amiral Tafdil Sk. 10, Tel. (0212) 516 30 52*
In dem kleinen Häuschen mit Garten werden Sie sich wie zu Hause fühlen. Bislang gibt es nur 4 Zimmer, doch weitere sind in Planung. Dreibettzimmer 50 €.

Daphni's (C D3)
→ *Sadrazam Ali Paşa Cad. 26, Tel. (0212) 531 48 58, www.hoteldaphnis.com*
Im Herzen des beliebten Viertels Balat, jedoch etwas abseits der Touristenpfade, liegt dieses griechische Haus aus dem 19. Jh., das zum Hotel umgebaut wurde. 16 im traditionellen Stil eingerichtete Zimmer. Wenn Sie Ruhe suchen, sollten Sie Zimmer zur Straßenseite meiden. 55 €.

Flughafen

Atatürk Hava Limanı
In Yeşilköy, 23 km vom historischen Zentrum entfernt.
Informationen
→ *Tel. (0212) 663 64 00*
Verbindungen zur Stadt
Bus Havaş
→ *Tel. (0212) 465 47 00, tägl. 5–23 Uhr, alle 30 Min., Fahrtdauer 40 Min., 3 €*
Taxi
→ *Fahrtdauer 20–30 Min., 10–15 €*
Private Kleinbusse
Über Hotel oder Reiseagentur zu buchen. 3 €.
Metro
Mit Bus oder Taxi zur Station Yeni Bosna–Aksaray.

FLUGHAFEN UND BAHNHÖFE

FLUGHAFEN

BAHNHOF

Die meisten preisgünstigen Hotels und Unterkünfte gibt es im Viertel Sultanahmet unweit der Touristenattraktionen. Die nachfolgend genannten Preise beziehen sich, sofern nicht anders angegeben, auf ein Doppelzimmer mit Bad und Frühstück in der Hauptsaison. Die meisten Hotels bieten bei Internetbuchung Preisnachlässe. Im Sommer deklarieren sich viele Hotels grundsätzlich als ausgebucht. Auf Grund der starken Schwankungen der Türkischen Lira werden Preise nachfolgend in Euro angegeben.

Campingplatz

Ataköy Mokamp
→ *Ataköy Sahil Yolu, Bakırköy, Tel. (0212) 559 60 14*
10 km südwestlich des historischen Zentrums am Marmarameer, mit Bungalows und Schwimmbad.

Apartments

Galata Residence & Galata Flats (**D** B5)
→ *Hacı Ali Sk. 27, Tel. (0212) 292 48 41, www.galataresidence.com*
Großzügige Apartments für zwei bis vier Personen in einem Jugendstilbau mit Panoramarestaurant. 630 € / Woche (zuzügl. Mehrwertsteuer) oder 350 € / Woche im modernen Anbau.
Family House Apart Hotel (**D** D2)
→ *Kutlu Sk. 53, Tel. (0212) 249 96 70*
5 saubere, etwas altmodische Apartments unweit des Taksim. Freundlicher Empfang. 600 € / Woche (500 € in der Nebensaison).

Jugendherbergen

Unschlagbare Preise, junges Publikum, freundliche Atmosphäre, aber wenig Komfort und zuweilen mangelhafte Sauberkeit.
Orient Hostel (**A** C5)
→ *Akbıyık Cad. 13, Tel. (0212) 518 07 89, www.hostels.com/orienthostel*
In der Jugendherberge bei der Hagia Sophia geht es meist laut und fröhlich zu. Grillabende, Bauchtanz und Wasserpfeifen in der Terrassenbar gehören dazu. Schlafsäle 7–9 € / Pers., Doppelzimmer 20–40 €. Frühstück nicht inbegriffen.
Yücelt Interyouth Hostel (**A** B4)
→ *Caferiye Sk. 6/1, Tel. (0212) 513 61 50, www.yucelthostel.com*
Die einzige Herberge, die dem internationalen Verband angehört, liegt phantastisch zwischen Topkapı und Hagia Sophia. Sie umfasst einen Gemeinschaftssaal, einen schattigen Hof und eine Sonnenterrasse. Schlafsaal: 7–9 € / Pers., Doppelzimmer: 20 €.
Sultan Hostel (**A** C5)
→ *Terbıyık Sk. 3, Tel. (0212) 516 92 60, www.sultanhostel.com*
Vom Dach dieses beliebten Treffpunkts für Rucksackreisende blickt man auf das Marmarameer. Schlafsaal: 7–9 € / Pers., Doppelzimmer 19 €. Frühstück nicht inbegriffen.
İstanbul Hostel (**A** C5)
→ *Kutlugün Sk. 35, Tel. (0212) 516 93 80, www.istanbul-hostel.com*
Die Gastgeber sind sehr freundlich und beraten gern. Wer hier nicht wohnt, kann dennoch in der Bar etwas trinken. Schlafsaal 7–9 € / Pers. Frühstück nicht inbegriffen.
Mavi Guesthouse (**A** C5)
→ *Kutlugün Sk. 3, Tel. (0212) 516 58 78, www.maviguesthouse.com*

Verkehrsmittel und Hotels in Istanbul

Die Namen der Straßen und Sehenswürdigkeiten sind alphabetisch geordnet. Anhand der Hinweise auf die Planquadrate lassen sich die Orte leicht auf den Karten finden. Der fett gedruckte Buchstabe gibt an, um welche Karte es sich handelt.

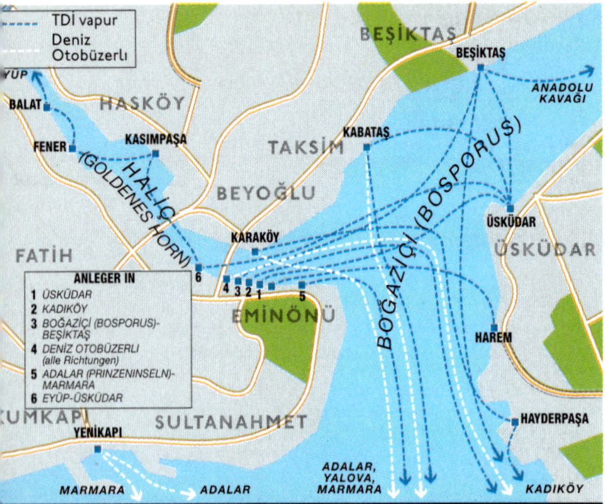

NLEGER UND SCHIFFSVERBINDUNGEN

arı Konak Oteli (**A** B5)
→ *Mimar Mehmet Ağa*
ad. 42/46,
l. (0212) 638 62 58,
ww.sarikonak.com
ie Bäder sind mit blau-
eißen Keramikkacheln
efliest, im Patio mit
yzantinischem Mauer-
erk ist es angenehm
ühl und frisch. Terrasse,
7 Zimmer. 90 €.

0–160 €

ariye Otel (**C** B3)
→ *Kariye Camii Sk. 18,*
l. (0212) 534 84 14,
ww.kariyeotel.com
n einem ruhigen Viertel
efindet sich das wunder-
chöne Gebäude aus dem
9. Jh. mit gelber Holzfas-
ade und 18 geschmack-
oll eingerichteten Zim-
nern. 110 €.

okullu Paşa (**A** A5)
→ *Şehit Mehmet Paşa Sk. 5/7,*
el. (0212) 518 17 90,
ww.sokullupasa.com
Die ehemalige Residenz des osmanischen Wesirs Sokullu Paşa (16. Jh.) wurde zum Hotel umgebaut. Es umfasst 37 Zimmer, einen privaten Hamam, ein Restaurant mit schönem Steingewölbe und einen Garten. 120 €.

Ayasofya Pansiyonları (**A** B4)
→ *Soğukçeşme Sk.,*
Tel. (0212) 513 36 60
In einer ruhigen Kopfsteinpflastergasse verbergen sich hinter den Fassaden von 9 osmanischen Häusern traumhafte Zimmer. 120 €.

Yeşil Ev (**A** B5)
→ *Kabasakal Cad. 5,*
Tel. (0212) 517 67 85,
www.turing.org.tr
Zwischen der Hagia Sophia und der Blauen Moschee liegt das »Grüne Haus«, eine Perle osmanischer Architektur. Die 19 Zimmer sind im Stil des 19. Jh. eingerichtet. 160 €.

LUXUSHOTELS

Pera Palas (**D** A3)
→ *Meşrutiyet Cad. 98/100,*
Tel. (0212) 251 45 60,
www.perapalas.com
Das berühmte Hotel wurde 1892 für die Reisenden des Orientexpresses errichtet. 220 €.

Four Seasons (**A** B5)
→ *Tevfikhane Sk. 1,*
Tel. (0212) 638 82 00,
www.fourseasons.com
Üppiger Luxus in einem ehemaligen Gefängnis von 1917. Das Restaurant ist äußerst beliebt. Ab 320 €.

Çiragan Palace Hotel Kempinski (**E** E2)
→ *Çirağan Cad. 84,*
Tel. (0212) 258 33 77
Der ehemalige Sultanspalast (19. Jh.) direkt am Bosporus birgt Luxussuiten; es gibt aber auch einen modernen, nicht minder eleganten Anbau. Ab 320 €.

SCHIFF

Vapur (Fähren) und *Deniz otobüzerlı* (Wasserbusse) verkehren zwischen dem Bosporus und dem Goldenen Horn. Eine Fahrt lohnt sich immer!

TDİ (Fähren)
→ *Tel. (0212) 244 42 33*

İDO (Wasserbusse)
→ *Tel. (0212) 516 12 12*

Zeiten
An jedem Anleger angeschlagen.

Tickets
Jetons (ca. 0,50 €) an jedem Anleger oder an AKBİL-Schaltern.

Wichtige Anleger

Eminönü (**A** B2)
5 Kais: nach Üsküdar, Kadiköy, zu den Prinzeninseln (Adalar), zum Bosporus (Boğaziçi), zum Goldenen Horn (Fener, Balat, Eyüp)

Karaköy (**D** B5)
Hayderpaşa, Kadiköy u. a.

Kabataş (**E** B3)
Üsküdar, Prinzeninseln (Adalar), u. a.

Beşiktaş (**E** D2)
Üsküdar, Kadiköy u. a.

Üsküdar (**F** B2)
Eminönü, Kabataş, Beşiktaş u. a.

Bosporus-Kreuzfahrt
Außer privaten Kreuzfahrtschiffen fahren auch die Schiffe von TDİ den Bosporus hinauf und pendeln dabei zwischen asiatischer und europäischer Seite.
→ *Tel. (0212) 522 00 45, Eminönü (Kai Nr. 3)–Anadolu Kavağı. Fahrtdauer ca. 5 Std. für Hin- und Rückfahrt mit Pause, 4 €. 2 Fahrten pro Tag im Winter, 3 im Sommer.*

Taxis

Erkennbar an der gelben Farbe und ziemlich preiswert.

Fahrpreise

Tagsüber: *gündüz* (ca. 3 € pro Fahrt).
Nachts (0–6 Uhr): *gece* (50% Aufschlag).
Meiden Sie Taxis bei Touristenattraktionen, und verlangen Sie, dass das Taxameter eingeschaltet wird.

Dolmuş

Minibusse oder Sammeltaxis folgen festgelegten Routen, Sie können überall zu- und aussteigen. Ca. 0,50 € pro Fahrt.

TAXI

SCHIFF

Pkw

Lassen Sie sich auf dieses Abenteuer lieber nicht ein! Der Verkehr ist chaotisch, es kommt häufig zu Unfällen.

Höchstgeschwindigkeit

Ortsverkehr: 50 km/h
Landstraße: 90 km/h
Autobahn: 120 km/h

Mietwagen

Die Gesellschaften am Flughafen Atatürk unterhalten Filialen im Stadtzentrum am Taksim-Platz.

Avis
→ *Tel. (0212) 663 06 46*

Budget
→ *Tel. (0212) 663 08 58*

Hertz
→ *Tel. (0212) 663 08 07*

;0–90 €

Iomade Hotel (**A** B4)
→ *Ticarethane Sk. 15,*
'el. (0212) 511 12 96
'n Sommer sitzt man auf ler Terrasse, im Winter am ackernden Kamin. 16 chön eingerichtete Zimner mitten im historischen 'entrum. 60 €.

Iotel Aratat (**A** B5)
→ *Torun Sokak 3,*
'el. (0212) 516 04 11,
ww.aratathotel.com
arbige Fresken und dunkles 'arkett bestimmen das Ambiente. Die 14 Zimmer sind 'anz individuell eingerichtet. Von der Terrasse blickt nan aufs Meer, bis zur lauen Moschee sind es nur venige Meter. 60–70 €.

Büyükada Princess (**F** A1)
→ *İskele Cad. 28, Büyükada,*
el. (0216) 382 16 28,
ww.buyukadaprincess.com.tr
Iinter der Jugendstilfassade erbirgt sich ein modernes, ınktional eingerichtetes Hotel mit 24 komfortablen Zimmern und einem Schwimmbad. 70–80 €.

Splendid (**F** A1)
→ *23 Nisan Cad. 71, Büyükada,*
Tel. (0216) 382 69 50
April–Okt.
Das Hotel mit der Holzfassade und den orientalischen Kuppeln eignet sich hervorragend, um die Nacht auf Büyükada zu verbringen. 70 geräumige Zimmer mit Meerblick. Auch hier gibt es ein Schwimmbad. 80 €.

Fehmi Bey Hotel (**A** A5)
→ *Üçler Sk. 15,*
Tel. (0212) 638 90 83,
www.fehmibey.com
34 gemütlich und raffiniert eingerichtete Zimmer birgt dieses kürzlich erbaute Hotel, dazu kommen eine Sauna und eine Sonnenterrasse für ein Frühstück mit toller Aussicht. 80 €.

Kybele Hotel (**A** B4)
→ *Yerebatan Cad. 35,*
Tel. (0212) 511 77 66,
www.kybelehotel.com
Tausende von Lämpchen leuchten von den Decken, der Hof ist im osmanischen Stil gehalten, und im Salon könnte man Stunden zubringen. Reservieren Sie frühzeitig! 80 €.

Orient Express (**A** B3)
→ *Hüdavendigar Cad. 34,*
Tel. (0212) 520 71 61,
www.orientexpresshotel.com
Das moderne Hotel in guter Lage verfügt über ein kleines Schwimmbad, in dem man sich gut entspannen kann. 54 Zimmer. 80 €.

Büyük Londra Hotel (**D** B3)
→ *Meşrutiyet Cad. 117,*
Tel. (0212) 245 06 70
Im Grand Hotel London herrscht gediegen-konservative Atmosphäre: Alte Radios, Vogelbauer und Holztruhen prägen den Stil. Die 48 Zimmer könnten einen Anstrich vertragen. 80 €.

Empress Zoe Hotel (**A** C5)
→ *Adliye Sk. 10,*
Tel. (0212) 518 25 04,
www.emzoe.com
In den Überresten einer alten byzantinischen Zisterne und eines Hamams hat ein Hotel mit 19 orientalisch eingerichteten Zimmern eröffnet. Garten, Terrasse und Kamin sorgen für Entspannung. 70–85 €, Dachsuite 140 €.

Sarniç Hotel (**A** B5)
→ *Küçük Ayasofya Cad. 26,*
Tel. (0212) 518 23 23,
www.sarnicotel.com
Die 16 geräumigen Zimmer sind tadellos eingerichtet. Die holländische Besitzerin, bietet Kochkurse und eine Besichtigung der byzantinischen Zisterne unter dem Hotel an. 85 €.

Galata Antique (**D** A4)
→ *Meşrutiyet Cad. / Nergis Sk. 10, Tel. (0212) 245 59 44,*
www.galataantiquehotel.com
Das Hotel in einem 1881 errichteten Gebäude eignet sich gut als Ausgangsbasis für Erkundungsgänge durch das alte Pera. 27 helle Zimmer. 85 €.